Hans von der Gabelentz

Zur Geschichte der oberdeutschen Miniaturmalerei im XVI. Jahrhundert

Hans von der Gabelentz

Zur Geschichte der oberdeutschen Miniaturmalerei im XVI. Jahrhundert

ISBN/EAN: 9783743682740

Hergestellt in Europa, USA, Kanada, Australien, Japan

Cover: Foto ©Thomas Meinert / pixelio.de

Weitere Bücher finden Sie auf **www.hansebooks.com**

STUDIEN ZUR DEUTSCHEN KUNSTGESCHICHTE
15. HEFT.

ZUR GESCHICHTE

DER

OBERDEUTSCHEN MINIATURMALEREI

IM XVI. JAHRHUNDERT.

VON

HANS VON DER GABELENTZ.

MIT 12 LICHTDRUCKTAFELN.

STRASSBURG
J. H. Ed. Heitz (Heitz & Mündel)
1899.

Vorbemerkung.

Der Zweck der vorliegenden Arbeit war der, die oberdeutsche Miniaturmalerei bis in ihre letzten Ausläufer im 16. Jahrh. zu verfolgen, und zugleich das Eindringen der Renaissanceformen in dieselbe darzustellen. Die schwäbische, bairische und nürnberger Miniaturmalerei musste wegen der Gleichheit in der Stilentwicklung und Abhängigkeit von fremden Vorbildern gemeinsam berücksichtigt werden. Das nicht allzu reichliche Material gestattete nur wenig Beispiele aus jeder Gruppe anzuführen, doch wenn sich auch mehr Handschriften heranziehen liessen, so würde das Gesamtbild wohl bereichert aber kaum verändert werden können. Die Untersuchung kann und will nur einen Beitrag liefern für die Entwicklung einer Kunst, deren Verlauf während der Renaissance bisher noch wenig Beachtung gefunden hatte.

I.

Die Handschriftenillustration um die Wende des 15. zum 16. Jahrhundert. — Das Eindringen neuer Formen in dieselbe.

Die Miniaturmalerei war während des Mittelalters länger als irgend ein anderer Kunstzweig und fester mit dem Leben der Klöster verbunden gewesen; die Musse klösterlicher Abgeschlossenheit sagte ihrem Wesen besonders zu. Um die Wege und Ziele ihrer Entwicklung auch im späteren Mittelalter verfolgen zu können, müssen wir einen Blick auf die historische Stellung jener Institution werfen.

Im 15. Jahrhundert hatte sich der Mittelpunkt für die geistige Kultur wesentlich verschoben. Die Klöster, Jahrhunderte lang Träger und Hüter der Kultur und Kunst, wurden in ihrer Bedeutung mehr und mehr eingeschränkt; freilich fehlte es nicht an Versuchen, die Missstände, die in der vorreformatorischen Zeit im kirchlichen Leben sich gezeigt hatten, zu bekämpfen. Von den Kirchen-Versammlungen gingen zunächst Reformbewegungen aus.[1] Tegernsee, von alters her das bedeutendste der bairischen Klöster, erhielt neue Statuten, die der um sich greifenden Zügellosigkeit der Mönche steuern sollten.

Von Tegernsee und Melk aus wurden dann auch andere Klöster reformiert, wobei man nicht selten auf heftigen Wider-

---

[1] Vgl. Riezler, Geschichte Baierns, III. Bd. S. 827 ff.

stand einer am Alten festhaltenden Partei stiess. Es waren in der Mehrzahl Tegernseeer Mönche, die als Reformatoren nach den bairischen Klöstern gesandt wurden, um die in Vergessenheit geratenen Ordensregeln wieder aufzurichten.

Dass Wissenschaft und Kunst von den kirchlichen Verhältnissen nicht unberührt blieben, ist selbstverständlich. Die Reform in Tegernsee kam auch der dortigen Bibliothek zu gute, und das Interesse am Sammeln und Abschreiben der Bücher erwachte von neuem.[1] Im Kloster St. Ulrich und Afra zu Augsburg wurde sogar durch Abt Melchior 1472 eine Druckerei eingerichtet. Die grosse Zahl illuminierter Handschriften des funfzehnten Jahrhunderts beweist den Erfolg, den die Reformen auch auf künstlerischem Gebiete zu verzeichnen hatten.

Für die Entwicklung der Kunst nehmen allerdings die Miniaturen des ausgehenden Mittelalters nicht mehr die gleiche Stellung ein, die man ihnen für das frühe Mittelalter, wo Denkmale der Tafel- und Wandmalerei selten sind, einräumen muss. Holzschnitt und Kupferstich, die jedenfalls bald nach ihrer Erfindung Eingang in die oberbairischen Klöster fanden, trugen ebenso, wie die in ausgedehnterem Masse geübte Tafelmalerei dazu bei, die Miniaturmalerei zurückzudrängen. Ganz aufgehoben wurde dieselbe jedoch keineswegs, zumal die vervielfältigenden Künste, anfangs noch sehr roh und unbeholfen, keinen vollen Ersatz zu bieten vermochten für gemalte Handschriften, namentlich was die ornamentale Ausschmückung betraf. Auch konnten sich die Miniaturmaler in einer Formensprache ausdrücken, die ihnen durch die Schulung einer alten Tradition geläufig geworden war, während Holzschneider und Kupferstecher erst allmählich sich einen festen Stil ausbilden mussten.

Wenn der Kreis der Darstellung wesentlich erweitert wurde, so hat die Miniaturmalerei nicht den geringsten Anteil daran gehabt. Gerade in ihr kann man die Bereicherung des Stoffes, die als eine der wertvollsten Gaben der Renaissance von Italien herüber kam, sehr gut verfolgen.

Für die Ausbildung der Landschaft ist sie insofern wichtig

---

[1] Vgl. Watetnbach das Schriftwesen im Mittelalter. III. Aufl. S. 450 und 586.

geworden, als der Goldgrund früher als in der Tafelmalerei verschwindet, um einer naturalistischen Behandlung der Landschaft Platz zu machen. Zunächst sind es natürlich noch sehr bescheidene Versuche eine wirkliche Landschaft zu geben, die aber doch Beachtung verdienen, weil sie dem Zug nach Naturalismus, der die zweite Hälfte des fünfzehnten Jahrhunderts beherrscht, vorarbeiten. Eins der frühesten Beispiele für eine durchgeführte Landschaft möchte wohl eine Handschrift aus dem Kloster Metten vom Jahre 1414 enthalten.[1]

Im Ornament entwickelt sich ein eigenartiger Stil. Die Ranke, aus stilisierten Stengeln, Blättern und Blüten zusammengesetzt, bildet das Hauptmotiv. Im Verlauf des 15. Jahrhunderts lässt sich eine Wandlung innerhalb der Rankenbildung wahrnehmen. Der freie Schwung und die lockeren und regellosen Verschlingungen der Ranken werden allmählich aufgegeben, ihre Bewegungen werden rythmisch gegliedert, ihre Verschlingungen dichter, man bemüht sich den Rand gleichmässig auszufüllen durch Ornamentbänder.

Dem wachsenden Streben nach Naturalismus aber können auch die ornamentalen Formen nicht gänzlich sich entziehen. Naturalistische Blätter und Blumen oder Früchte wachsen aus den Ranken hervor, die, spiralenförmig gewunden, die Form strengerer Stilisierung beibehalten, oder kommen selbständig ohne Verbindung mit den Ranken vor. Allerhand Tiere, am häufigsten Vögel und Insekten, verbinden sich in unorganischer, aber phantasievoller Weise mit den halb streng stilisierten halb natürlich gebildeten Pflanzen.

Die Entwicklung im Ornament, die wir hier kurz zu schildern versuchten, charakterisiert die Zeit des ausgehenden 15. Jahrhunderts und setzt sich noch während der ersten Jahrzehnte des folgenden Jahrhunderts fort. In Baiern, wo man fester am alten Stil hielt, behalten die traditionellen Formen auch neben den neuen noch lange ihre Geltung.

Wir begnügen uns hier auf eine Reihe von Handschriften hinzuweisen, die der Wende des 15. zum 16. Jahrhundert oder

---

[1] Vgl. B. Riehl, Studien zur Geschichte der bairischen Malerei des 15. Jahrhunderts, S. 13. ff.

dem beginnenden 16. Jahrhundert angehören, und die in ihrer ornamentalen Ausschmückung noch nicht die Formen der Renaissance verraten.

An erster Stelle mag ein Antiphonar aus dem Kloster St. Ulrich und Afra genannt werden, das im Jahre 1501 von Bruder Erasmus Huber geschrieben wurde (cod. lat. 4306). In dem genannten Kloster wurde um die Wende des Jahrhunderts fleissig gemalt, wie, um nur ein Beispiel herauszugreifen, eine Psalmenhandschrift der Augsburger Stadtbibliothek[1] und eine ähnliche Handschrift der Münchener Staatsbibliothek (cod. lat. 4301) beweisen.[2]

Die Bilder innerhalb der Initialen in dem genannten Antiphonar sind von geringem künstlerischen Wert, die Figuren kurz und plump. Am Goldgrund wird noch festgehalten ausser auf dem Bilde der Geburt Christi (fol. 11). Die Initialen von eckigen, zweifarbig geteilten und profilierten Rahmen umschlossen, das stilisierte Blattwerk der Buchstaben, die Ranken an der Seite des Textes wiederholen die älteren Typen des 15. Jahrhunderts. Neben der stilisierten Ranke kommt die freier behandelte Pflanze vor: Die Distel mit den rosa Blüten, Erdbeerstaude, Winde und Eichel gehören zu den oft verwandten Pflanzen.

Einen gleichen Charakter trägt eine Handschrift aus Fürstenfeld (cod. lat. 6902) vom Jahre 1500. Die 7 grossen Initialen ohne figürliche Darstellungen sind in der gleichen Weise wie bei der Augsburger Handschrift mit stilisiertem Blattwerk und eckigen Rahmen behandelt. Die Ranken zeigen ebenfalls denselben Typus, Distel und Eichel, Weintraube und Winde in natürlicher Bildung.

Auf der Grenze der beiden Jahrhunderte steht ein Graduale aus Medlingen (cod. lat. 23014 c. pict. 2[b]), über dessen Schreiberin eine Bemerkung am Schluss [fol. 333] berichtet: Anno domini 1499 ipso die sanctissimi ambrosii doctoris ego soror Dorothea De riethain professa monasterii beate marie virginis in Medlingen — Incepi graduale istud de tempore quod complevi anno 1500. —

---

[1] Waagen, Kunstwerke und Künstler in Deutschland, II, S. 7 f.
[2] Abbildg I.

Die 12 Bilder innerhalb der Initialen enthalten hauptsächlich Scenen aus der Geschichte Jesu. Das jüngste Gericht (fol. 6) ist in dem für das 15. Jahrhundert gewöhnlichen Schema dargestellt: Christus auf dem Regenbogen sitzend, seine Füsse ruhen auf der Weltkugel, auf die eine kleine Landschaft gemalt ist, die Rechte ist erhoben, die Linke weist nach unten. Er ist mit einem roten, innen grünen Mantel bekleidet, der die Brust frei lässt. Rechts und links von seinem Haupte schweben je ein Engel mit rotem Schwert und Lilienstengel. Unten links Maria, rechts Johannes, zwischen ihnen zwei nackte Männer und Frauen aus Gräbern emporsteigend. Bei dem Einzug in Jerusalem (fol. 148) tritt zuerst in dieser Handschrift an Stelle des Goldgrundes der blaue Himmel, ebenso auf dem Bilde der Auferstehung Christi (fol. 197), wo der Künstler sogar den Versuch wagt, die Morgenstimmung zu charakterisieren: Blaue Berge heben sich scharf von dem im Horizont gelb strahlenden Himmel ab.

Die Initialen haben die im Vorhergehenden geschilderte typische Form, ebenso die Ranken mit naturalistischer Weinrebe, Eichel, Mohn und Schote. Allerhand Tiere bringt der Künstler, freilich ohne organische Verbindung mit der stilisierten Ranke, im Gefüge der letzteren an. Oefters kommt die Darstellung einer Jagd vor, ein altes, im Ornament immer wiederkehrendes Motiv. Spielende Putten, die Vorboten einer neuen Zeit, Affen, die sich prügeln, allerlei Vögel darunter der Pfau, die Katze mit der Maus zwischen den Zähnen beleben den Rand.

Aus Tegernsee stammt eine Handschrift (cod. lat. 19200 c. pict. 1), die im Jahr 1524 geschrieben wurde, cantus pro mandeto. Das Innenbild der Initiale D (fol. 2) stellt die Fusswaschung Petri dar. Auf der Bank, auf der Petrus sitzt, findet sich das Monogramm F. Q., und auf dem Rande des Rahmens, der die Initiale umschliesst, die Jahreszahl 1525. Christus im violetten Gewand kniet vor Petrus, dessen rechten Fuss er hält, während der linke in dem Wasserbecken steht. In lebhafter Geberde hat der Apostel die rechte Hand an die Stirn gelegt. Hinter Christus steht Johannes, in der Rechten eine Kanne, ein Handtuch über dem linken Arm. Judas, der einen roten Beutel um den Hals trägt, steht hinter Petrus. Die übrigen Jünger füllen den Raum aus. Das Bild ist dem gleichen Gegenstand in Dürers kleiner

Passion entlehnt (B. 25). Die Behandlung der Initiale ist die gewöhnliche.

Ein Graduale aus Benediktbeuern geschrieben 1537 (cod. lat. 4501 c. pict. 2) zeigt zwar in einer Reihe unbedeutender Initialen Renaissancemotive, die stilisierten Ranken aber gehören noch ganz dem 15. Jahrhundert an. Eine reiche Initiale auf der Innenseite des Deckels umrahmt das Bild der Maria mit dem nackten Kinde auf dem Schoss. Mit grosser Sorgfalt ist die Landschaft, die den Hintergrund bildet, durchgeführt: Eine Stadt, deren Mauern sich im Wasser spiegeln, weiter zurück Berge und die untergehende Sonne, die den Saum der Wolken goldig färbt. Die Behandlung des Blattwerks an den Ranken erinnert übrigens an böhmische Handschriften; möglich, dass solche im Kloster vorhanden waren und als Vorbilder benutzt wurden.

Dieselben Motive in der Randornamentik, reicher zwar und voller, im Wesentlichen aber den älteren gleich, sehen wir in den Handschriften des ausgehenden 15. und beginnenden 16. Jahrhunderts verwendet. Eine weitere Stilentwicklung auf der eingeschlagenen Bahn war nicht möglich. Alle Pracht der Ausführung konnte über die Abgebrauchtheit der immer wiederholten, alten Formen nicht hinwegtäuschen. Zwei Wege standen offen: Den Naturalismus, der schon längst vorbereitet und auf einzelnen Gebieten der Kunst wirklich durchgedrungen war, auch im Ornament consequent und bis zum Aeussersten durchzuführen, d. h. die bekannte Weise der niederländischen Bücherornamentik anzunehmen; oder aber ein neues, auf andern Grundlagen aufgebautes Ornament zu schaffen. Die Miniatoren schlugen beide Wege ein, wobei sie freilich übersahen, dass die Niederländer ihrerseits am Ziele angelangt waren, denn über den rücksichtslosen Naturalismus im Ornament liess sich eben nicht herausgehen. Anders stand es mit dem Einfluss, der sich von Italien aus geltend machte. Hier war eine Um- und Weiterbildung möglich, und trat auch wirklich ein.

Nicht als Endziel einer Entwicklung, sondern als etwas Neues, von Aussen Ueberkommenes trat die Renaissance in Deutschland auf. Dass sie sich rein äusserlich am Ornament zuerst zeigt, beweist zur Genüge ihren Ursprung aus der Fremde. Daher finden sich auch in ein und derselben Handschrift neben ganz entwickelten Renaissanceformen streng stilisierte Ranken, zu denen als Drittes noch oft Streublumen nach niederländischem Muster hinzutreten. Diese Vermischung oder besser Nebeneinanderstellung innerlich gänzlich verschiedener Dekorationsweisen charakterisiert die Handschriften — wie auch Buchornamentik der ersten Hälfte des 16. Jahrhunderts.

Wir müssen an dieser Stelle einen Blick auf die Entwicklung des Formschnittes innerhalb der Buchornamentik werfen. Bekanntlich wurde die Buchdruckerkunst von Deutschland aus in Italien eingeführt. Für die Verzierungen aber lieferten nicht Deutsche sondern Italiener die Vorlagen, und zwar in den Formen der Frührenaissance, die zu der Zeit, da man anfing Bücher zu drucken und mit Holzschnitten zu versehen, schon längst herrschend geworden waren.[1] Anfangs liess man wohl auch den Rand für die Illuminierung durch Initialen und Ornamente frei.

Der Charakter des neuen Stiles kam der neuen Technik entgegen. Die Klarheit der Linienführung wurde durch die Renaissanceformen ebenso sehr gefordert, als sie durch den Holzschnitt begünstigt wurde. Ornamentierte Umrahmungen in gedruckten Büchern entstanden in Italien in Holz- und Metallschnitt etwa während der 70er Jahre des 15. Jahrhunderts. Den Höhepunkt der Buchornamentik im Druck bildet die Wende des 15. und 16. Jahrhunderts. Hervorragende Künstler der lombardischen und venezianischen Schule nahmen an der Entwicklung teil.

Unter den neuen Elementen in der Ornamentik tritt vor allem die architektonische Umrahmung hervor, die gerade im Holzschnitt ein sehr passendes Ausdrucksmittel fand.[2] Wie in Italien, so entstand auch in Deutschland die Bücherornamentik ungefähr gleichzeitig mit der Buchdruckerkunst, und in Augsburg beginnt man damit die Bücher mit Holzschnitt-Einfassungen und Initialen zu verzieren. Allein hier fanden sich nicht die gleich günstigen Voraussetzungen wie in Italien für das Vordringen der neuen

[1] Butsch, die Bücherornamentik der Renaissance.
[2] Beispiel bei Butsch a. a. O. Tafel XV. Architektonische Einfassung in der Mailänder Chronik des Bernhard Corio vom Jahr 1503 aus der Offizin des Alessandro Minutiano in Mailand.

Formen, und der Holzschnitt musste die Stilwandlung erst mitmachen, die jenseits der Alpen bereits vollzogen war.

Die Initialen und Randornamente lehnen sich zunächst an die Handschriftenillustration an und übernehmen von ihr die Stilisierung des Blattwerks, wie sie während des 15. Jahrhunderts üblich war.

Der um die italienische Bücherornamentik hochverdiente Ehrhard Ratdolt aus Augsburg war der Erste, der in seinen Druckwerken Initialen im Renaissance-Geschmack anwandte.

Eine analoge Entwicklung finden wir wie im Ornament, so auch im Druck. Wie hier die gotische Type während des beginnenden 16. Jahrhunderts allmählich durch die klassische verdrängt wird, so dringen auch klassische Formen in das Ornament ein: Auf beiden Seiten das gleiche Streben nach gleichen Zielen.

Hans Burgkmair ist der wichtigste Künstler für die Buchillustration. Für die Augsburger Offizinen war er in hervorragendem Masse thätig, wir brauchen nur an die Hauptwerke, die auf Veranlassung Kaiser Maximilians entstanden, zu denken. Mit Vorliebe brachte er italienische Formen an, und er war es wohl, der den architektonischen Rahmen in Deutschland zuerst anwandte.[1] Aber auch Streublumen kommen bei ihm vor, und wenn wir bei der architektonischen Umrahmung einen Einfluss auf die Miniaturmalerei annehmen dürfen, so weist umgekehrt die letztere Form auf eine Abhängigkeit von derselben hin.[2]

Es würde uns zu weit führen, wollten wir noch länger bei der Thätigkeit Burgkmairs für die Buchillustration in Augsburg verweilen, und wir wenden uns daher zu einer gedrängten Betrachtung der Entwicklung in Nürnberg.

Später als in Augsburg fand die Buchdruckerkunst hier Eingang und wandte sich ihr die Thätigkeit der Künstler zu. Albrecht Dürer muss an erster Stelle genannt werden. Die Holzschnittbordüre mit dem Pirkheimerschen Wappen vom Jahre 1513 war

---

[1] Beispiele bei Muther, Buchillustration der Gotik und Frührenaissance Taf. 172—175 Illustrationen Burgkmairs zu Wolfgang Man's »Leiden Christi«, Augsburg 1515.
[2] Beispiele bei Muther a. a. O. Taf. 170, 171. Illustrationen Burgkmairs zu den »Devotissimae meditationes de vita«, Augsburg 1520.

das erste, was er für die Buchornamentik lieferte.[1] Sie ist zugleich typisch für die freie, phantasievolle Weise, in der der Künstler die Formen der Renaissance nach seinem Geschmack umbildet, wie sie sich auch in der Ehrenpforte und im Triumphzug Maximilians zeigt.[2]

Neben diesem grössten Meister waren auch andere Künstler thätig, so z. B. Hans Springinklee, der 2 Titeleinfassungen für Bibeln des Verlegers Anton Koburger zeichnete, die 1516 in Lyon erschienen.[3] Die architektonische Umrahmung zeigt hier weniger strenge Formen als bei Burgkmair, wie denn überhaupt der Zusammenhang der Nürnberger Kunst mit der Italiens lockerer war, als in Augsburg.

Wir müssen es uns versagen auf den Gegenstand näher einzugehen. Uns kam es nur darauf an, zu zeigen, welchen Anteil an der Stilentwicklung der Formschnitt innerhalb der Buchornamentik hatte und in welchem Verhältnis er zur Miniatur stand. Das Ergebnis lässt sich kurz in folgender Weise zusammenfassen: Der Formschnitt begann damit die Ornamentik der Miniaturmalerei nachzuahmen. Aus Italien übernahm er die Elemente einer neuen Decorationsweise, und verbreitete sie nach Deutschland, wo man ihre Spuren in der Miniaturmalerei wenig später als im Druck verfolgen kann. Eins der wichtigsten dieser Elemente, der architektonische Rahmen wurde, wie schon oben angedeutet, sicherlich von dem Formschnitt in die Miniaturmalerei übertragen, denn in ihr fehlten die Vorstufen dazu, während die Technik des Holzschnittes für diese Ornamentationsweise geeigneter war als etwa für das Rankensystem. Für die figürlichen Darstellungen innerhalb der Initialen hatte die Miniatur das Vorbild geschaffen. Der Formschnitt ahmte es nach, wobei aber der Buchstabe selbst meist zurücktrat und das Bild ohne Rücksicht auf denselben in den eckigen Rahmen hineincomponiert wurde. Beispiele liefern: die Kinderalphabete, die Alphabete mit dem Totentanz, mit Scenen aus dem bäuerlichen Leben u. s. f.

Wo im Einzelnen die Renaissanceformen zuerst angewandt

---

[1] Vgl. Abbildg. bei Butsch a. a. O. Taf. 33.
[2] Ueber Dürer's Einfluss für die Entwicklung des Ornaments vgl. A. Lichtwark, Der Ornamentstich der deutschen Frührenaissance.
[3] Abbildg. bei Butsch a. a. O. Taf. 36.

wurden, ob in der Buchornamentik, im Ornamentstich oder in der Miniatur, wird sich schwer entscheiden lassen; es ist das auch von nebensächlicher Bedeutung. Wichtiger scheint es, die Hauptmotive der Decoration kennen zu lernen. Wir kehren daher zur Miniaturmalerei zurück.

Ueber den architektonischen Rahmen wurde schon oben gesprochen. Er kommt in Drucken wie auf Bildern der oberitalienischen Schulen früher als in Deutschland vor, fand aber bald Eingang in der oberdeutschen Miniaturmalerei und wurde häufig angewandt.[1] Namentlich boten die Pfeiler und Pilaster zur Rechten und Linken des Bildes Gelegenheit reiche Renaissancemuster anzubringen.

Die Fruchtschnüren und Blumenguirlanden, in der Regel mit der Architektur verbunden und von Putten gehalten, kamen auch aus Oberitalien, wo sie, um nahe liegende Beispiele zu wählen, auf Bildern des Mantegna und der venezianischen Schule häufig sind, nach Deutschland hinüber.

Ein Gleiches gilt von der Groteske, dem wertvollsten Erbteil, das die Renaissance in der Ornamentik von der Antike übernommen hatte. „Der deutsche Künstler strebt danach, diesen phantastischen Zerrbildern von Tier- und Menschengestalten gemischt mit vegetabilen Zuthaten den Schein physiologischer Existenzmöglichkeit zu wahren. Seine Grotesken werden organische Wesen, welche sich mit individuellen Empfindungen, mit Leid und Freude ihrer jedesmaligen Aufgabe hingeben.[2]

Der Akanthus, der mancherlei Umformungen unterworfen wurde, aber nie ganz aus dem Ornament verschwand, wird nun wieder im reichsten Masse angewendet. Das gotische Distelblatt muss ihm weichen. Am Rande wächst er als Ranke empor in rythmischer und symmetrischer Bewegung und Anordnung.

Den ganzen Schatz neuer, phantastischer Formen schüttet die Renaissance aus ihren Füllhörnern aus. Das Füllhorn selbst wird bald als Bestandteil des Buchstaben, bald rein decorativ angebracht. Schalen- und Candelaberartige Gebilde. Masken und Sphinxe, Delphine und Greifen, kurz all der Reichtum, den die

---

[1] Auch in der Plastik, wo er an Grabsteinen oft vorkommt.
[2] R. Dohme: Geschichte der deutschen Architektur S. 312.

Antike in verschwenderischem Masse hinterlassen hatte, breitet sich im Ornament aus, und gestaltet dieses völlig um. Dabei wird das Verhältnis des Ornaments zum Text insofern verändert, als der Charakter eines Rahmens immer deutlicher hervortritt, die Verbindung von Text, Initiale und Ranke gelockert wird, und alle 3 Teile selbständig neben einander bestehen.

Wo setzt die neue Bewegung ein, und in welcher Weise vermischen sich die fremden Einflüsse mit dem Hergebrachten — das sind die Fragen, die uns zunächst entgegen treten.

II.

Die schwäbische und bairische Miniaturmalerei während der 1. Hälfte des 16. Jahrhunderts.

Augsburg, schon seiner Lage nach Italien am nächsten von den deutschen Städten, und durch mancherlei Handels- und Interessenbeziehungen mit den wichtigsten Städten Oberitaliens verknüpft, war der Punkt, wo die Renaissance in Deutschland einsetzte, und man darf annehmen, dass auch in der Miniaturmalerei wie im Holzschnitt oder im Tafelbild die ersten Spuren eines neuen Formenprincips daselbst bald hervortraten.

In der That finden sich in Handschriften aus dem zweiten Decennium des 16. Jahrhunderts, die zum Teil durch Unterschrift als Augsburger Arbeiten gesichert sind. Veränderungen in den Initialen sowohl als im Randornament.

3 Psalterhandschriften,[1] für Kloster Tegernsee geschrieben, jetzt auf der Staatsbibliothek zu München (cod. lat. 19201—3 c. pict. 1 a, 1 b, 1 c)[2] zeigen bereits entwickelte Renaissanceformen.

Im ersten Psalter a, der 1515 datirt ist, nennt sich ein Jörg Gutknecht Maler von Augsburg als Verfertiger der Bilder. Das Titelblatt wird von zwei eckigen Pfeilern und einem Rundbogen eingefasst. Zwei Medaillons in den Zwickeln tragen die Aufschrift

---

[1] Erwähnt bei B. Riehl a. a. O. S. 106.
[2] Hier der Kürze wegen a, b u. c genannt.

„IHS — HPS". Unter dem Bogen vor einem rot gemusterten, ausgespannten Teppich befinden sich die Wappen von Tegernsee, Baiern und Burgund. Auf dem unteren Rande des Bildes sind die beiden Gründer des Klosters Abt Adalbert und Herzog Ockarius durch Inschrift erwähnt.[1] Ein ähnlicher architektonischer Rahmen umschliesst das Bild von fol. 8. Ein verkröpftes Gebälk mit Zahnschnitt verbindet die beiden Pfeiler, zwei Renaissance Vasen stehen auf denselben. Der Querbalken trägt die Künstlerinschrift: „Jörg Gutknecht Maller von Augspurg zu der Zeyt noficz."

Innerhalb der Architektur, vor einem grünen Vorhang, stehen St. Bernhard zwischen Petrus und Paulus, die ihre Attribute halten. Der Ausdruck der Köpfe ist derb, am besten noch der nachdenklich gesenkte Kopf des Paulus, der sich mit beiden Händen auf sein langes Schwert stützt.

Die Gewänder aus dickem Stoff fallen in schweren Falten. Die Rückseite enthält wiederum ein Vollbild. Ein reicher architektonischer Aufbau bildet auch hier den Rahmen. Die stark ausgeschwungenen Säulen kehren fast regelmässig bei dieser Decorationsweise zurück; sie sind ein beliebtes Zierglied der deutschen Fruhrenaissance geworden. Zwei Köpfe tragen an einem Ring ein reiches Renaissance-Ornament, das nach unten in eine Schnur und Quaste verläuft. Auf dem Gebälk sitzend halten zwei nackte Putti Wappenschilder mit den Marterwerkzeugen Christi. Im Tympanon sitzt das nackte Christkind mit Kreuz auf einem von 2 Putten gehaltenen Wagen. Wie bei den vorhergehenden Bildern nehmen hier drei Heilige die Mitte des Bildes ein, Chrysogonus, Castorius und Quirinus, unten kleiner der knieende Abt.

Von den Initialen sind die grösseren von Akanthus und Guirlanden mit Band durchschlungen gebildet, die kleineren, wohl von Schülerhand, in der üblichen Weise aus stilisiertem Blattwerk und von eckigen Rahmen umgeben. Den grösseren Initialen entsprechen Randleisten, die in der Weise niederländischer Handschriften gehalten sind; verstreute Blumen heben sich durch leichte Schattierung von einem matten goldbraunen Grund ab, unter den

---

[1] Die beiden Brüder Adalbert und Otkar, Stifter von Tegernsee, stammten väterlicherseits aus burgundischem und mütterlicherseits aus bairischem Geschlecht.

Tieren kommen Schmetterlinge und Pfau öfters vor. Die übrigen Randornamente haben die hergebrachte Form stilisierter Ranken. Die Bilder stellen zum grossen Teil Scenen aus dem neuen Testament vor, der erste Psalm ist, wie dies bei älteren Psalterhandschriften auch schon üblich war, mit dem Bilde des Harfespielenden David geschmückt. Die Figuren sind ziemlich richtig gezeichnet, aber ebenso, wie die Landschaft, flüchtig behandelt. Von demselben Jörg Gutknecht stammen wahrscheinlich 2 Initialen und die Kreuzigung in einem Tegernseeer Missale vom Jahr 1514[1] (cod. lat. 19 235 c. pict 64). Die Behandlung der Landschaft, die Berge und Bäume des Hintergrundes blau mit aufgesetzten Goldlichtern, erinnert wenigstens stark an ihn, der Charakter ist der gleiche handwerksmässige.

Die zweite Psalterhandschrift b wurde im Jahre 1516 von Bruder Conrad in Tegernsee geschrieben, wie die Unterschrift besagt (fol. 313b). Ob dieser auch der Maler der Bilder ist, bleibt ungewiss, jedenfalls war es ein bairischer Künstler, der manche Einflüsse von der schwäbischen Kunst erhielt, ohne doch seine Eigenart zu verlieren. Die Bilder schliessen sich, was den Kreis der Darstellung anbetrifft, und auch in Einzelheiten ziemlich genau an Jörg Gutknecht an, doch übertreffen sie diejenigen des Letzteren an Kraft des Ausdrucks, der freilich oft bis zur Roheit gesteigert wird.[2] Die Randornamentik ist ganz aufgegeben. Die Initialen sind durchweg grösser, als in a, und ebenfalls von eckigen Rahmen umschlossen mit buntem Untergrund. Oft verwendete Motive an den Körpern der Buchstaben sind die Guirlande und das Füllhorn, daneben kommen phantastische Tiergestalten, Delphine, allerhand Fratzen, auch Putti vor. Auch die einfachen architektonischen Umrahmungen zeigen Renaissanceformen. Ihr Aufbau ist im Wesentlichen der gleiche wie in a. Die Putten sind nicht zu leblosen Decorationsstücken erstarrt, sondern als wirklich lebende Wesen gedacht.

Im Figürlichen verrät sich eine sichere Hand, die namentlich

---

[1] B. Riehl a. a. O. S. 106.
[2] Man vergleiche z. B. die Austreibung der Wechsler in a (fol. 47 b) mit dem gleichen Gegenstand aus b (fol. 53 a). Der Baier fasst den Vorgang trotz seiner Derbheit innerlicher auf, als der Schwabe mit seinen gefälligeren Formen.

bei den kleinen Figuren der Initialen und in lebhaft bewegten Scenen gut, wenn auch flüchtig zeichnet. Durch Dürers Vorbild wurde sie geschult, worauf noch näher einzugehen ist. Die Schattierung durch feine parallele Strichelung ist darauf berechnet, durch die Malerei unterstützt zu werden, die aber so schlecht ist, dass sie die Deutlichkeit nicht unwesentlich beeinträchtigt. In der Wiedergabe dramatisch bewegter Scenen beweist sich der Maler als geschickter Künstler, so besonders auf dem Bilde, wo Petrus dem Malchus das Ohr abschlägt (fol. 102), in der Verspottung Christi (fol. 165), in der Kreuzschleppung (fol. 161), Vertreibung der Wechsler aus dem Tempel (fol. 53) und endlich in der Geisselung Christi (fol. 159), die von jeher den Künstlern einen willkommenen Anlass bot, die wildeste Roheit in abschreckendster Weise zu schildern. Christus als Schmerzensmann (fol. 20) ist durch die kühne Stellung und die treffliche Modellierung des Körpers gleich ausgezeichnet.

Der Nimbus, der bei Gutknecht noch als goldene Scheibe gebildet wird, wird bei unserm Meister entweder ganz weggelassen, oder kommt bei Christus und Gott Vater als Strahlenstern vor. Auf fol. 13 tragen auch Mutter Anna und Maria, die hier im modischen Gewande erscheint, den Nimbus. Die Landschaft ist sehr oberflächlich behandelt, am besten auf fol. 212 mit dem Jonaswunder. Luftperspektive oder Stimmung werden kaum versucht. Der Vordergrund ist einfach, ohne Detaillierung.

Die 3 Vollbilder stellen dar: (fol 1) den ersten Abt von Tegernsee Adalbert mit dem Kirchenmodell vor dem hl. Otkarius, (fol. 8 a) St. Benedikt zwischen Petrus und Paulus, und auf der Rückseite die 3 Heiligen Chrysogonus, Quirinus und Castorius. Petrus und Paulus sind fast genaue Copien nach Gutknecht, doch geringer, schlecht sind namentlich die Hände gezeichnet. Das Gewand des Benedikt fällt in denselben Falten wie das des Adalbert auf fol. 1 derselben Handschrift. Eine Mauer trennt die 3 Heiligen von einer Landschaft mit Berg und Burg, wie auch auf der folgenden Seite eine Landschaft den Hintergrund ausfüllt.

Wie schon angedeutet, lassen sich zahlreiche Entlehnungen von Dürer'schen Holzschnitten und Kupferstichen [1] nachweisen.

---

[1] Die Kupferstiche Dürers von c reichlicher benutzt als von b.

die fortab einen weiten Raum in der Miniaturmalerei einnehmen. Die Verkündigung an Maria (fol. 16) stimmt ziemlich genau mit Dürers Holzschnitt (B 19) überein, nur der Krug mit der Lilie fehlt in der Handschrift. Christus als Weltenrichter (fol. 44) ist frei nach Dürer (B 52) componiert. Christus vertreibt die Wechsler aus dem Tempel (fol. 53), nur in den Hauptmotiven der gleichen Darstellung bei Dürer (B. 23) verwandt. Das Gleiche gilt von (fol. 92) Christus in Gethsemane, (fol. 102) Judas' Verrat, (fol. 109) Christus am Kreuz und (fol. 120) Kreuzabnahme, in denen nur allgemeine Beziehungen zu Dürer sich nachweisen lassen. Die Beweinung Christi (fol. 125) ist ähnlich dem Holzschnitt (B 43) aber im Gegensinn und mit verminderter Personenzahl. Dagegen stimmt die Auferstehung fast genau mit dem Holzschnitt Dürers (B. 45), wiederum im Gegensinn überein, ebenso Christus vor Maria (fol. 150) mit Dürer (B. 46). Das Abendmahl (fol. 154) entlehnt die Hauptmotive von B. 51. Christus und Thomas (fol. 156) fast genau wie B. 49. Himmelfahrt, Kreuztragung, Christus am Kreuz und Christus in der Vorhölle tragen mehr oder weniger deutliche Anklänge an Dürers Compositionen, während Maria mit dem Kind (fol. 241) genauer nach dem Kupferstich Dürers (B. 30) gearbeitet ist. Krone und Engel sind Zuthat des Malers.

Die Bilder wurden 1517 gemalt, wenigstens findet sich diese Jahreszahl auf der Säule, an der Christus bei der Geisselung gebunden ist, (fol. 159). Dass der Künstler aus der Schule Dürers selbst hervorgegangen ist, ist nicht wahrscheinlich, nur an den Werken des Nürnberger Meisters wird er sich gebildet haben.

Der dritte Band c der Psalterien als dessen Schreiber sich ebenfalls Bruder Conrad nennt, und der im Jahr 1517 vollendet wurde, stimmt im Wesentlichen wieder mit b überein. Die Randornamentik fehlt auch hier, die Initialen setzen sich aus denselben Elementen, Guirlanden und Akanthusblatt, zusammen. Die kleinen Figuren, die in b die Ecken der Initialen häufig ausfüllen, fehlen im dritten Bande, und Putten sind seltener. Im Ganzen ist das Ornament weniger sorgfältig gezeichnet.

Die Figuren zeigen den gleichen Dürer'schen Einfluss. Die Schattierung durch kleine parallele Striche und Kreuzlagen fehlt, und beschränkt sich auf wenige Linien, überlässt also der Malerei

mehr, die freilich ebenso schlecht und fluchtig ist, als im zweiten
Bande. Im Allgemeinen stehen die Figuren, was Sicherheit der
Zeichnung anbetrifft, nicht unwesentlich hinter cod. 19 202 zurück, obgleich auch in letzterem die Zeichnung ungleichwertig
ist. Der Nimbus findet sich wieder fast überall, während er in b
nur ganz selten zur Anwendung kam. In der Landschaft ist nur
einmal eine feinere Stimmung ausgedrückt, auf fol. 99, Christus
in Gethsemane, wo eine dreifache Beleuchtung: der Fackelschein
der nahenden Häscher, der letzte Schein der untergegangenen
Sonne am Horizont und der gestirnte Himmel zu charakterisieren
versucht worden ist.

Die Uebereinstimmungen mit Dürer sind fast die gleichen
wie in b. Christus mit Geissel und Rute vor der Martersäule
(fol. 21) erweist sich als ziemlich genaue Copie des Kupferstichs (B. 3), Architektur und Details in der Faltengebung sind
verändert. Christus als Weltenrichter (fol. 47) ist getreuer als
das gleiche Bild des zweiten Bandes. Auch Christus in Gethsemane (fol 99), der Verrat des Judas (fol. 109) und Christus
am Kreuz (fol. 117) zeigen deutliche Uebereinstimmung mit
Dürer. Die Kreuzabnahme ist vereinfacht, die Beweinung (fol. 136)
ziemlich genau nach Dürers Kupferstich (B. 14). Die Himmelfahrt (fol. 172) stimmt mit dem Holzschnitt (B. 50) überein,
desgleichen die Geisselung (fol. 174), bei der aber weniger Figuren im Hintergrund sichtbar sind. Die Kreuztragung (fol. 175)
zeigt nur eine oberflächliche Verwandtschaft mit dem Holzchnitt
(B. 37). Bei der Verspottung (fol. 180) fehlt der Mann vorn,
der Christus die Krone aufsetzt (B. 9). Abendmahl (fol. 194)
und Christus in der Vorhölle (fol. 199) sind wiederum getreu
nach den Holzschnitten B. 5 und B. 14 copiert. Maria mit dem
Kind (fol. 262) ist von Engelköpfen umgeben, die bei dem
Kupferstich Dürers (B. 30) fehlen.

Im Allgemeinen steht c seinem Vorbild näher als b. Jeden-
falls haben mehrere Hände an der Ausschmuckung der beiden
Handschriften gearbeitet, die einen durchaus handwerksmässigen
Charakter tragen.

Zu cod. 19 203 gehört ein gesondert gebundener Kalender.
Das Vollbild auf der Rückseite des ersten Blattes zeigt wiederum
eine einfache architektonische Umrahmung, auf den beiden Kapi-

tälen der Säulen rechts und links stehen zwei Putten mit Fahnen in der einen Hand, mit der anderen eine Guirlande haltend, auf dem unteren Rande hält ein Putto das Wappen von Tegernsee, ein anderer ein leeres Wappenschild. Zwischen beiden ein musicierender Putto und endlich ein vierter, der einen fortspringenden Hasen am Hinterbein festhält; der untere Streifen eine ziemlich getreue Copie nach Dürer (B. 95). Unter dem Bogen stehen der Abt Adalbert und der hl. Otkarius, als solche durch das ähnliche Bild in cod. 19202 gesichert, und halten ein Kirchenmodell.[1] Die folgende Seite, in ähnlicher Weise architektonisch gegliedert, enthält die Bilder des hl. Benedikt zwischen Petrus und Paulus. Auf der dritten Seite endlich erscheinen wieder die Heiligen Chrysogonus, Quirinus und Castorius. Die Figuren waren offenbar auf Bemalung berechnet, die aber nur auf dem dritten Bilde und auf dem Mantel des Petrus im zweiten Bilde ausgeführt wurde. Feine Linien, keine Strichlagen, bilden die Schattierung. An Sicherheit der Zeichnung und Feinheit der Charakteristik übertreffen diese Gestalten weitaus alles, was in der oberdeutschen Buchmalerei des beginnenden sechzehnten Jahrhunderts geleistet wurde. Die Formengebung ist so gross und einfach namentlich im ersten Bilde, dass man an einen Künstler denken muss, der gewohnt war in grösserem Stil zu arbeiten.

Zusammengebunden mit diesen eben besprochenen Bildern ist ein Kalender, dem zwei Vollbilder vorausgehen, auf dem einen St. Quirinus auf dem Thron zwischen Chrysogonus und Castorius mit den Wappen von Tegernsee und Baiern, auf dem anderen St. Benediktus zwischen Petrus und Paulus. Der ältere Künstler verrät sich schon in den beiden spätgotischen Zweigen, die die Bilder nach oben abschliessen. Zeichnung und Bemalung sind gleich gering.

Einer dritten Hand gehören die letzten Bilder an, die in den gleichen Band gebunden sind. Die Architektur mit reichen Renaissanceformen, die stark ausgeschwungenen Säulen haben den gewöhnlichen Charakter, die plumpen und roh bemalten Figuren sind ohne künstlerischen Wert.

Eine Reihe anderer Handschriften lässt sich an dieses schon

---

[1] Abbildg. II.

dem Umfange nach bedeutendste Werk anschliessen, die im Ornament Analogien zu den Malereien der Tegernseeer Handschriften bieten, und andererseits ebenfalls dem Einfluss Dürers unterlagen.

Ein Graduale aus Steingaden (cod. lat. 17801), das, wie die Bemerkung am Schlusse des Bandes besagt, auf Geheiss des Abtes Johannes Dimpt von Georg Wiggar, Canonicus von St. Georg in Augsburg, damals Coadiutor in Peysenberg, im Jahre 1533 geschrieben wurde, enthält mehrere grosse Initialen mit bildlichen Darstellungen zumeist aus dem Leben Christi und Randleisten, die neben naturalistisch gebildeten Blumen und Tieren auch Renaissanceornamente enthalten. Die Initialen sind aus Akanthusblatt gebildet in ähnlicher Weise, wie in den erwähnten Psalterien.

Das Innenbild der Initiale A. (fol. 1) stellt Christus als Weltenrichter dar, die Rechte erhoben, die Linke abwehrend, seine Füsse ruhen auf der Weltkugel. Neben seinem Haupte Lilie und Schwert und 2 Engel mit Posaunen. Tiefer unten knieen Maria und Johannes, Seelige entsteigen den Gräbern und die Verdammten werden von einem Teufel mit Fledermausflügeln in den Höllenrachen gestossen. Das Ganze ist eine ziemlich genaue Copie von Dürers Holzschnitt (B. 52). Den Rand nimmt ein reiches Renaissanceornament ein in symmetrischer Anordnung, worin vegetabilische Bestandteile vorherrschen, an der Langseite wie eine Pilasterfüllung behandelt.[1] Bei der Geburt Christi (fol. 18) ersetzt eine Säulenarchitektur den Stall. Maria betet knieend das in einem Korbe am Boden liegende Kind an. Josef kommt herbei, das Licht in seiner Linken schützt er mit der Hand. Zwei Hirten lehnen an der Mauer und schauen über dieselbe in den Stall, ein beliebter Zug, der der Scene einen intimeren Charakter verleiht. Die Anbetung der Könige (fol. 23) ist in geschickter Weise dem Rahmen eingefügt mit Hinweglassung alles Ueberflüssigen. Ueberhaupt zeichnen sich die meisten Bilder durch die Geschlossenheit und Einfachheit ihrer Composition aus. Die Trinität (fol. 143) ist als drei gleich alte Männer im Christustypus dargestellt. Ein jeder hält in der einen Hand die Weltkugel, in der anderen trägt Christus das Kreuz, der heilige Geist

---

[1] Abbildg. III.

das Scepter, und Gott Vater hat die Rechte segnend erhoben. Am Boden steht die Jahreszahl 1533. Auf diesen wie auf den anderen Bildern sind die Figuren mit derben Typen ohne grössere Sorgfalt gezeichnet. Der zunehmende Realismus macht sich in der Kleidung bemerkbar, die fast durchgehend das Zeitcostüm ist. Die Nimben verschwinden mehr und mehr, und werden nur noch als wenig sichtbare Strahlenglorie gebildet. Im Ornament herrschen die naturalistischen Elemente vor. Der hellgelbe Grund, wie er sich in dem Tegernseeer Psalter in engerer Anlehnung an niederländische Handschriften vorfand, ist hier mit einem himbeerroten oder holzfarbigen Grund mit gelber Faserung vertauscht. Von ihm heben sich die Blumen und Früchte, und die mit grosser Naturwahrheit gemalten Tiere, Vögel, Schmetterlinge, Schnecken und dergleichen ab. Einmal kommt auch eine aus Spirale und Wellenlinie gebildete Ranke mit naturalistischen Rosenblättern und Blüten vor (fol. 18). Daneben tritt, wie gesagt, ein reiches Renaissanceornament. Die Putten werden immer bei irgend einer Thätigkeit geschildert. Sie halten ein Medaillon mit einem schreibenden Genius darauf, oder sie reiten auf Fabeltieren, halb Bock, halb Schlange, oder endlich, ihre Lieblingsbeschäftigung, sie musicieren. Zwei von ihnen mit langen Blasinstrumenten (fol. 86) sind nach Dürers Stich (B. 64) gebildet.

Dem gleichen Kreise gehört ein Graduale an (cod. lat. 23002) unbekannter Herkunft und Entstehungszeit, das wegen der engen Verwandtschaft im Ornamentalen mit dem Steingadener Graduale zusammengebracht werden muss.[1] Die Initialen werden aus Akanthusblättern gebildet, die gewöhnlich die Form eines Füllhorns annehmen, und überschneiden den eckigen Rahmen, der die Bilder umschliesst. Das Randornament ist in gleicher Weise, wie in cod. lat. 17801 behandelt: Braunes Holz mit gelber Faserung, durch schmale Leisten vom Text getrennt, bildet auch hier den Grund, und zuweilen findet sich die Seitenzahl auf weissem Zettel, wie sie ebenfalls in der Steingadener Handschrift vorkommt. Bunte Blumen und Früchte liegen verstreut auf dem Grunde.

---

[1] Abbildg. IV.

Der Putto fehlt ebensowenig, wie die Katze mit der Maus, die sich immer wieder zwischen den Ranken und Blumen einfindet. Unter den Bildern finden sich einige Darstellungen aus dem Leben der Maria, die für die Abhängigkeit von Dürer bezeichnend sind. Der Typus der Madonna ist von diesem entlehnt, und zweimal finden sich Copien nach seinem Vorbilde. Die Verkündigung an Maria (fol. 24) wiederholt den gleichen Gegenstand der kleinen Passion (B. 19). Gerade dieses Blatt Dürers muss sehr verbreitet und beliebt gewesen sein, da wir ihm öfters in der Buchillustration begegnen. Andererseits ist die Maria mit dem Kinde auf der Mondsichel (fol. 55) ein Abbild des Kupferstichs Madonna mit der Sternenkrone von 1508 von Dürer, übrigens das beste Bild in den Initialen. Die Geburt der Maria (fol. 61) ist in der üblichen Weise als häusliche Scene in einer bürgerlichen Familie aufgefasst: Eine Magd badet das neugeborene Kind, Mutter Anna in tief ausgeschnittenem Kleide und mit weisser Haube auf dem Kopf liegt im Bett unter einem Baldachin. Neben ihr am Boden steht eine Lade mit einem Delphin als Fuss. Die Renaissance ist hier im Kunstgewerbe bereits durchgedrungen, während die Architektur auf dem Bilde der Darstellung im Tempel (fol. 17) noch ganz gotische Elemente aufweist.

Verwandte Züge, wenn auch in einem loseren Zusammenhang, trägt eine Handschrift der Universitätsbibliothek zu München (Vespera hyemalis, Ms. fol. 166), unbekannten Ursprungs wie die vorige, aber jedenfalls aus dem beginnenden 16. Jahrhundert und wohl auch im schwäbisch-bairischen Kunstkreise entstanden. Die Initialen werden aus Akanthusblättern gebildet, die an einigen Stellen durch Ringe zusammengenommen sind, auch geht das Blatt bisweilen in die Formen eines Delphins über. Ein gewöhnlich zweifarbig geteilter und profilierter Rahmen umschliesst sie, der Grund ist abwechselnd gold- und buntfarbig. Nur zwei Bilder sind in den Initialen enthalten: auf fol. 1 das jüngste Gericht in der typischen Form: Christus sitzt auf dem Regenbogen, von seinem Haupte gehen Lilie und Schwert aus, seine Füsse ruhen auf der Weltkugel. In der Linken hält er das gleiche Symbol, die Rechte ist erhoben. Unten knieen Maria und Johannes, zwischen beiden entsteigen zwei nackte Seelen ihren Gräbern. Das andere Bild (fol. 164) stellt den heiligen Nikolaus im Bischofsornat dar.

Im Ornament vermischen sich Renaissancemotive mit naturalistisch gebildeten Tieren. Innerhalb der symmetrisch gegliederten Zierleiste auf der ersten Seite sind zwei Kinderengel angebracht, der eine hält den Rock Christi, die Lanze und die Stange mit dem Schwamm, der andere hat seine Arme um die Martersäule geschlungen. Die stilisierten Ranken aus Akanthusblättern und Solaneenartigen Blüten gebildet bewegen sich in wellenförmig auf- und absteigenden Linien. Freilich wollen die ganz naturwahr gebildeten Vögel wenig zu ihnen passen. Dieselben sind mit grosser Sorgfalt ausgeführt, Stieglitz, Eisvogel, Nussheer, als ob sie für ein naturwissenschaftliches Werk gemalt wären.

Die gleiche Behandlung der Initialen findet sich in 8 nicht zusammenhängenden Blättern eines Psalteriums Benedicti der Bibliothek zu Maihingen (I, 2 lat. fol. VII.) Das Psalterium stammt aus dem Kloster Heilig Kreuz in Donauwörth, also aus der Nähe von Augsburg, und wurde daselbst unter dem Abt Christoph Gerung geschrieben. Akanthusblätter von goldig brauner Färbung bilden die Initialen, die von einem eckigen Rahmen eingefasst werden; das Motiv des Füllhornes findet sich verschiedentlich angewandt. Aus den Initialen wachsen die Ranken hervor, die sich an der Seite des Textes ausbreiten. Blumen und Blattwerk sind halb naturalistisch gebildet, dazwischen sind allerlei Tiere angebracht, Papagei und Pfau, Hirsch, Hase, Fuchs u. a. Im Innern der Initiale befindet sich das Bild, so auf dem ersten Blatt der jugendliche David, der vor König Saul die Harfe spielt, oder auf dem achten die Trinität, der heilige Geist über Gott Vater und Christus als Taube schwebend. Ein andermal nimmt eine Renaissancevase mit Blumen oder ein Putto die Mitte ein.

Eins der reichsten Beispiele für die Ornamentik des beginnenden sechzehnten Jahrhunderts, die noch zwischen älteren Reminiscenzen und neuen Formen schwankt, bietet ein Missale Cisterciense aus Kaisheim (cod. lat. 7901). Die Bilder in den Initialen treten an künstlerischem Werte entschieden zurück. Auf fol. 8 ist die Messe des hl. Gregor dargestellt; die folgende Initiale (fol. 13) enthält den knieenden König David, dessen Harfe am Boden liegt, in den Wolken erscheint Gott Vater.[1] Bei der Geburt Jesu (fol. 23)

---

[1] Abbildg. V.

kniet Maria vor dem am Boden liegenden Kinde, rechts steht der graubärtige Johannes, in der Linken das Licht, die Rechte staunend erhoben, im Hintergrund sehen zwei Hirten über die Mauer der Scene zu. Weiter zurück erblickt man die Verkündigung an die Hirten und einen Engel mit Spruchband im Himmel. Christus als Weltenrichter (fol. 27) erscheint in der traditionellen Weise. Bei der Versuchung Christi (fol. 42) tritt der Teufel in Mönchskutte mit Tierkopf auf. Ein grösseres Bild, die Hälfte der Seite einnehmend, stellt Christus am Kreuze dar zwischen Maria und Johannes (fol. 125). Der Stamm des Kreuzes wächst aus einem stilisierten Akanthusblattwerk empor, das sich nach oben und unten in schwungvolle Ranken auswächst. Vier Engel mit Kelchen fangen das Blut aus den Wunden Christi auf. Maria und Johannes stehen zu beiden Seiten des Kreuzes, Maria hat die Arme über die Brust gekreuzt. Am Fusse des Kreuzes kniet der Abt, kleiner als die ubrigen Figuren. Den Hintergrund bildet eine weite Landschaft, eine Stadt an den Ufern eines Sees. Am unteren Rande halten zwei Putti Wappenschilder.[1] Die Composition ist sicherlich dem Kupferstich Schongauers (B. 25) entlehnt, mit dem sie in den Hauptpunkten übereinstimmt. Die Stellung des Johannes, der bei Schongauer ein Buch hält, ist in der Miniatur verändert, hier steht er im Profil nach links, beide Hände erhoben. Auch die Landschaft ist nicht gleich, während die Maria eine fast getreue Copie nach dem Kupferstich ist.[2]

Reich belebte Ranken umgeben den Text, ihre Bewegungen lassen sich im wesentlichen als eine Zusammensetzung von Spirale und Wellenlinie charakterisieren. Blätter und Blumen sind stilisiert, werden aber auch freier behandelt, so besonders die Rose. Erdbeere und Eichel, die auch in älteren Handschriften gern naturalistischer gebildet wurden. An ältere Beispiele erinnern auch die häufigen Jagdscenen, die für die völlige Unabhängigkeit der Randornamentik von dem Text charakteristisch sind. Auf fol. 23 ist ein Jäger dargestellt im Zeitcostüm, das Schwert an der Seite, mit Pfeil und Bogen, der nach einem Hasen schiesst.

[1] Das rechte Wappen das des Klosters Weingarten.
[2] Nur andeutungsweise sei hier auf eine gewisse Verwandtschaft in der Wolkenbildung mit den Stichen des Mantegna hingewiesen.

während sein Hund einem anderen nachläuft. Im gefährlicheren Kampfe mit einem Raubtier stellt ihn ein anderes Blatt dar, immer ist der Hund sein treuer Begleiter. Auf fol. 130 trägt der Jäger einen Falken auf der Rechten, auf die Begegnung mit einem Bären, den sein Hund gestellt hat, scheint er nicht ganz gefasst gewesen zu sein. Die Katze mit der Maus zwischen den Zähnen findet sich auch wieder unter den Tieren. Am häufigsten natürlich sind die Putten, die unentbehrlichen Bewohner der Ranken. Unter ihnen finden sich wieder die beiden Putten Dürers (B. 64 auf fol. 13), denen wir schon in dem Graduale aus Steingaden begegneten. Das Randornament (fol. 13) stellt eine geschickte Verbindung von älteren und neuen Motiven dar. Die Schalen mit Akanthusblättern und Delphinen, die Sphinxe und Putten vereinigen sich mit den streng stilisierten Ranken, den freier behandelten Blumen und Früchten, den naturalistischen Tieren.

Die Malereien der im Vorhergehenden behandelten Handschriften als Werk einer bestimmten Schule zusammenfassen zu wollen erscheint vielleicht bei der geringen Zahl der Denkmäler nicht gerechtfertigt. Da aber eine Erweiterung des Materials, selbst wenn man bedenkt, dass die Production im Laufe des 16. Jahrhunderts erheblich nachliess, nicht ausgeschlossen ist, so wollen wir die gemeinsamen Züge dieser Gruppe etwas schärfer hervorzuheben suchen.

Alle Handschriften tragen das Gepräge der Uebergangszeit. Sie nehmen neue Formen in die Ornamentik auf, ohne die älteren deshalb aufzugeben, beide bestehen vielmehr neben einander fort. Naturalistische Elemente kommen entweder als Bestandteil der ornamentalen Ranken oder losgelöst von jeder Verbindung in der oft erwähnten niederländischen Weise vor, in der Sorgfalt der Ausführung freilich weit hinter ihren Vorbildern zurückstehend. Eine Vergröberung der Formen wird schon durch das grosse Format, das sämmtliche Handschriften haben, bedingt.

Die Initialen zeigen dieselbe Stilvermischung, wie die Randornamente. Bei den kleineren bildet gotisches Blattwerk den Körper des Buchstaben, bei den grösseren Akanthusblätter und

Füllhörner. Die auf den Text bezüglichen Bilder kommen ausschliesslich innerhalb der Initialen vor.

Im Figürlichen zeigt sich ebenso wenig als in der Anordnung der Bilder irgendwelche Verwandtschaft mit niederländischen Buchmalereien. Die Compositionen sind immer sehr einfach auf die Hauptpersonen beschränkt. Die knappe Erzählung übergeht alles Nebensächliche, dadurch gewinnt sie an Deutlichkeit, wirkt aber manchmal schmucklos und leer. Alle Malereien mit Ausnahme der drei Blätter aus dem Tegernseeer Kalender haben durchgehend den Charakter handwerksmässiger Arbeiten, der sich zur Genüge in den zahlreichen Entlehnungen aus den Holzschnitten und Stichen Dürers und gelegentlich auch Schongauers ausspricht.

Dass Kupferstich und Holzschnitt die Miniaturmalerei verdrängt habe, kann man nicht ohne eine gewisse Einschränkung gelten lassen. Das Verlangen nach kostbar ausgestatteten Büchern, nach gemalten Initialen und Randverzierungen bestand, so weit es sich wenigstens um kirchliche Handschriften handelt, nach wie vor, und ihm konnten die vervielfältigenden Künste schon deshalb nicht ganz Rechnung tragen, weil sie der Farbe entbehrten. Je mehr freilich ihre technische Vervollkommnung zunahm, desto leichter konnten sie die Miniaturmalerei ersetzen. Beide Kunstweisen gingen lange neben einander her, und der endliche Untergang der letzteren wurde, abgesehen von dem Wettbewerb mit den technischen Künsten, auch dadurch veranlasst, dass im Bild wie im Ornament ein Streben nach monumentaler Wirkung im engen Anschluss an die italienisierende Richtung sich geltend machte, das dem Stil und Zweck der Miniaturmalerei durchaus widersprach.

Wenn diese, soweit es sich um figürliche Darstellungen handelt, schon früh damit beginnt die Werke anderer Künstler zu benutzen, so erklärt sich diese Abhängigkeit zunächst aus der künstlerischen Ueberlegenheit einzelner bedeutender Männer, eines Schongauer oder Dürer. Die leichte Verbreitung trug wesentlich dazu bei, die Blätter des Nürnberger Meisters volkstümlich zu machen, und da man darin den prägnantesten Ausdruck für die Erzählungen und Gestalten der Bibel fand, so gewährte man ihnen gern Eingang in die Buchillustration, zum Teil mit nicht unerheblichen Abänderungen von Seiten der Maler.

Natürlich finden sich neben diesen Copien auch einzelne Kupferstiche, Holzschnitte und Schrotblätter, die in die Gebetbücher eingeklebt wurden, und dann allerdings das gemalte Bild ersetzen mochten.[1] Schwerlich aber darf man den meist recht rohen Blättern, die uns nur in kleineren, wenig sorgfältig geschriebenen Handschriften begegnen, einen weitgehenden Einfluss auf die Buchmalerei einräumen. Für kostbarere Werke, Psalterien oder Chorbücher, bediente man sich immer noch der Malerei, und wenn gemalte Handschriften aus dem 16. Jahrhundert in Klöstern selten sind, so erklärt sich das einfach aus dem grossen Vorrat der noch aus dem 15. Jahrhundert erhaltenen Bücher, die dem kirchlichen Gebrauch vollauf genügten.

War Dürers Einfluss auf die Buchmalerei weitaus der bedeutendste und massgebendste, so werden doch auch die Stiche anderer Meister in der Miniatur benutzt. Auf die Kreuzigung im Kaisheimer Missale, die einem Stich Schongauers nachgebildet ist, wurde schon oben hingewiesen. Ein anderes Vorbild erkennen wir in einer Tegernseeer Handschrift, die Evangelien und Episteln (cod. lat. 19220), nämlich den Meister E. S. von 1466.

Das Buch wurde von Bruder Andreas Wagner aus Ingolstadt, professus im Kloster Tegernsee, im Jahre 1550 vollendet. Die erste Seite ist mit einer Ranke verziert, in der sich die bekannten Jagdscenen finden: Ein Hund, der einen Hirsch verfolgt,

---

[1] M. Lehrs gibt im Rep. f. K. XIV. eine Zusammenstellung der deutschen und niederländischen Kupferstiche des 15. Jahrhunderts in den Handschriften der Münchener Staatsbibliothek. Wir fügen hier eine Zahl von Kupferstichen und Holzschnitten hinzu, die sich in Tegernseeer Handschriften des 16. Jahrhunderts finden, selbst aber dem 15. Jahrhundert angehören: Cod. lat. 19232. Missale aus Teg. Kreuzigung, Holzschnitt, bemalt. Christus zwischen° Johannes und Maria, 4 Engel fangen das Blut aus den Wunden in Kelchen auf. Copie mit geringen Veränderungen nach Schongauers Kreuzigung (B. 25). — Cod. lat. 19926, Brevir. Schrotblatt, Messe des hl. Gregor. Holzschnitt mit Wappen Christi. — Cod. lat. 19924, Brevir. Kreuztragung. Holzschnitt mit Jahreszahl 1522. — Cod. lat. 19928, Brevir. Christus am Kreuz, Holzschnitt. — Cod. lat. 19930, Brevir. St. Judas, Schrotblatt. — Cod. lat. 19931, Brevir. Maria mit Kind. Holzschnitt. — Cod lat. 19932. Brevir. 12 Apostel in Medaillons, Kupferstich. — Cod. lat. 19922, Brevir. Maria mit Kind in der Mandorla, Holzschnitt bemalt. St. Hieronymus, bemalter Kupferstich. Brustbild der Maria mit Kind, Handzeichnung. — Cod. lat. 19953. Messe des hl. Gregor, Holzschnitt. — Cod. lat. 19957. Kreuzigung, bemalter Holzschnitt. — Cod. lat. 20006. Hl. Rosalia, bemalter Holzschnitt. Handschrift vom Jahr 1493.

und ein Bär im Kampf mit 2 Hunden. An den Langseiten steht rechts auf einer Art von Postament der hl. Castorius mit Spitzhacke, unter ihm ist auf einer Tafel die Jahreszahl 1550 angebracht, auf der linken Seite ihm entsprechend der hl. Quirinus mit Krone, Scepter und Reichsapfel. Beide tragen das Zeitkostüm, kurzen Mantel, Puffhosen, lange, enganliegende Strümpfe.

Die Initialen werden in ähnlicher Weise, wie in dem Alphabet des Meisters E. S. aus Menschen- und Tiergestalten gebildet, die gekünstelten Compositionen, Jagdscenen oder einzelne Heilige, passen sich den Formen der Buchstaben, deren Körper sie bilden, an. Das c auf fol. 128 erinnert an das c des genannten Meisters mit der Darstellung der heiligen Margaretha. Deutlicher noch ist die Anlehnung in der Initiale v (fol. 150), die den hl. Christoph darstellt, wie er das Christuskind auf seinen Schultern trägt, während auf der rechten Seite der Eremit mit einer Laterne und ein Gebäude sichtbar werden; genau die gleiche Anordnung findet man auf demselben Buchstaben des Meisters E. S. Die Initialen stehen auf farbigem, durch Ranken teppichartig gemustertem Grunde, der von einem Rahmen umfasst wird.

In einem engen Zusammenhang mit niederländischen Handschriften steht ein andere Gruppe, die schon durch das kleinere Format, namentlich aber im Ornamentalen ihren Vorbildern näher kommt, einen unmittelbaren Einfluss Dürers übrigens nicht erfuhr. Die künstlerisch bedeutendste dieser Handschriften stellen wir an die Spitze, es ist ein Breviarium Latino-Germanicum (cod. lat. 11332 c. pict. 98), das aus dem Besitze des Pfalzgrafen Otto Heinrich nach dem Kloster Polling, und von dort in die Münchener Staatsbibliothek gelangte.

Weder über den Schreiber, noch über den Maler gibt eine Bemerkung Aufschluss, nur die Jahreszahl 1530 [1] findet sich auf einer Tafel angebracht (fol. 245). Auf die erste Seite hat der Herzog seinen Namen und Wahlspruch: „mit der Zeit" und das Jahr 1529 eingetragen. Diese Unterschrift befindet sich auf dem Rahmen eines Bildes, das die Geburt Jesu darstellt. Das nackte Kind liegt in einem Korbe, um den drei Engel mit bunten Flügeln und langen Gewändern gruppiert sind. Maria kniet vor dem Kinde,

---

[1] Die 3 später hineincorrigiert.

hinter ihr steht Joseph, den Hut in Händen. Ochs und Esel blicken auf das Kind. Einige Pfeiler und gebrochene Bogen deuten den Stall an. Eine weite, hügelige Landschaft nimmt den Mittel- und Hintergrund ein. Ein Engel mit Spruchband verkündet den Hirten die frohe Botschaft. Den Rahmen bilden 2 Säulen, die ein in der Mitte halbkreisförmig ausgeschnittenes Gebälkstück tragen, an dem die Wappen von Baiern und der Pfalz angebracht sind. An 2 Schnüren, die zu beiden Seiten herabhängen, klettern beflügelte Putten. An dieses ganzseitige Bild schliessen sich noch eine grosse Zahl anderer an: Scenen aus dem Leben Jesu und der Maria, einzelne Heilige, die Trinität. Sie sind nicht innerhalb der Initialen, sondern am Rande des Textes angebracht, in schmalen rechteckigen Streifen, die durch feine Linien abgegrenzt sind. Auf fol. 1[b] ist eine Jagd, die einzige derartige Darstellung, gemalt. Zwei Jäger im Kampfe mit einem Eber, und ein dritter, der mit seinem langen Jagdspeer einen Bären durchbohrt. Heftige Bewegungen vermeidet der Künstler, oder wo er sie anstrebt, wie auf dem Bilde der Bekehrung Pauli, da bleibt das Können hinter dem Wollen zurück. Die Charakteristik ist oberflächlich, ein ruhiger, gleichmässiger Ausdruck vorherrschend. Die Fleischtöne sind sehr blass rosa, fast weiss. Malerei und Zeichnung, auch in der Landschaft, recht sorgfältig.

Wie in der Anordnung der Bilder, so zeigt sich auch im Ornament die unmittelbare Anlehnung an niederländische Vorbilder. Neben der streng stilisierten Ranke mit den zahlreichen Goldfüllpunkten und den einzelnen Vögeln, tritt das Streublumensystem mit naturalistischen Tieren auf goldbraunem oder hellgelbem Grunde. Das Randornament und die zahlreichen kleinen, buntfarbigen Initialen auf Goldgrund sind mit grosser Feinheit ausgeführt.

In ähnlicher Weise kennzeichnet ein Gebetbuch aus Diessen den engen Zusammenhang mit der niederländischen Kunstweise (cod. lat. 5535). Von Bruder Sebastian Meckenloher wurde das Buch im Jahre 1520 in Diessen vollendet.[1] Wer der Maler war, bleibt, wie gewöhnlich, ungewiss. Die Initialen sind in herkömm-

---

[1] Bucher, Geschichte der techn. Künste, I, S. 242. Sighart, Geschichte der bildenden Künste im Königreich Baiern, II, 647.

licher Weise behandelt: Der Körper der Buchstaben wird aus stilisiertem Blattwerk gebildet und von einem zweifarbig geteilten Rahmen umgeben. Als Randornament erscheint bald die stilisierte Ranke mit den Goldfüllpunkten, bald die verstreuten Blumen, die sich durch Schatten vom Grunde abheben und die naturalistischen Tiere. Der Einfluss der Renaissance zeigt sich einmal in der Initiale (fol. 59), die sich aus zwei Füllhörnern zusammensetzt, und dann in den Putten (fol. 154).

Einfacher noch ist die Ausstattung eines Gebetbuches mit Malereien (cod. gm. 97 c. pict. 118) vom Jahre 1519. Ausser einem Bilde mit der Darstellung Jesu im Tempel von geringem Werte enthält die Handschrift nur eine Randleiste (fol. 67). Auf hellgelbem Grunde sind Blumen hingestreut, dazwischen zwei Pfauen und andere Tiere und ein nackter Putto mit bunten Flügeln.

Im Besitze des Augsburger Maximilian-Museums befindet sich ein Gebetbuch vom Jahre 1532. Die 2 Wappen (zusammen auf fol. 13, ausserdem auf fol. 1 und 91) sind die der Familie von Stein und Rechberg.[1] Das Ornament setzt sich aus Renaissanceformen, niederländischen naturalistischen Blumen und stilisierten Ranken zusammen. Die Bilder sind meist auf die Initialen beschränkt, bis auf die Darstellung der Kreuztragung (fol. 68), die den unteren Rand der Seite einnimmt.

Eine enge Verwandtschaft mit den vorhergenannten Handschriften ist unleugbar: Dieselbe Vermischung mehrerer Ornamentationsweisen, dieselbe Behandlung der stilisierten Ranken mit zahlreichen Goldfüllpunkten und naturalistischen Vögeln. Hier wie dort mit feinen weissen Strichen umränderte Blumen und Blätter, lose hingestreut auf braun-goldenem oder mattem, gelb-goldenem Grunde. Auch die Verteilung der Bilder auf dem Rande ist die gleiche. Eine ähnliche Uebereinstimmung weisen die Putten auf mit ihrem hellen Incarnat und rötlich blonden Haar. (Man vergleiche fol. 61 der Augsburger Handschrift mit fol. 1ᵃ in cod. lat. 11332ᵃ oder mit fol. 157 in cod. lat. 5555.) Das leuchtende

---

[1] Beide Wappen finden sich in dem: »Eerengedechtnusbuch ains Erbern Rats der Stat Augspurg Consulat und Bürgermeister« im Besitz des bairischen Nationalmuseums in München auf fol. 174 und fol. 226 des zweiten Bandes. Abbildg. VI.

Blaugrün der Guirlanden (im Augsburger Gebetbuch und cod. lat. 11332*) ist ebenfalls das nämliche.

Demselben Kreis gehört ein Gebetbuch an (Nr. 1737 des Germ. Mus.) aus dem Besitz der Eva von Schwarzenberg geborenen Gräfin von Montfort. Eine Datierung findet sich nicht in der Handschrift, man kann die Zeit der Entstehung also nur ungefähr danach bestimmen, dass die Gräfin von Montfort sich im Jahre 1509 mit Christof von Schwarzenberg vermählte. Die übrigens geringe ornamentale Ausschmückung stimmt mit unserer Gruppe überein. Auch in dem Nürnberger Gebetbuch finden wir die kletternden Putten, die grünen Guirlanden, die naturalistischen Blumen und Tiere auf mattem, goldgelben Grunde. Die Maasse sind ebenfalls wenig verschieden (Nürnberger Gebetbuch: 16,2 × 10,8. Augsburger 14,5 × 10,2), das Colorit ist das gleiche.

Nur vermutungsweise möchten wir als Entstehungsort für die Malereien der genannten Gruppe Augsburg in Anspruch nehmen. Die beiden Wappen des Augsburger Gebetbuches deuten auf Familien hin, die mit dem Rat der Stadt in Verbindung standen. Die Behandlung der Renaissancemotive scheint uns auch eher auf Augsburg als etwa auf Nürnberg hinzuweisen. Zwingende Gründe sind das allerdings nicht, und so muss die Frage einstweilen offen bleiben.

Wie lange sich dieser Stil erhielt, beweist eine Handschrift der Augsburger Stadtbibliothek (C. Aug. 33). „Frater Johannes Hernlein Cenobita apud S. Udalricu scripsit has bndictiones anno 1576", besagt die Inschrift auf fol. 97. Auch hier wieder auf schmalen Streifen am Rande die naturalistischen Blumen und Tiere. Die langen, halb naturalistischen Zweige und Blüten, symmetrisch geflochten, sind freilich unserer Gruppe fern, finden sich aber in ähnlicher Weise in den später zu besprechenden Ehrenbüchern Augsburger Geschlechter.

Für den schon genannten Pfalzgrafen Otto Heinrich wurde auch eine Bibel in grossem Folioformat (53 : 38 cm.) von Matthias Gerung[1] aus Lauingen ausgemalt. Dieses bedeutendste Werk der

---

[1] Literatur: Augsburger (Münch.) Allgemeine Zeitung 1886, Nr. 80. S. 1262, Nr. 124. Beilage S. 1818 u. S. 1834. W. Lübke, Kunstwerke u. Künstler, II. Auflage, S. 315—333. Beiträge zur ält. Literatur od. Merkwürdigkeiten der herzogl. Bibliothek zu Gotha. Lpz. 1836. Wilh.

schwäbischen Miniaturmalerei befindet sich jetzt in der hzgl. Bibliothek zu Gotha. Ueber den Namen des Malers haben Abschriften der Verträge, die zwischen dem Fürsten und Gerung geschlossen wurden, Aufschluss gegeben.[1] Das Monogramm M. G. findet sich mit der Jahreszahl 1532 auf dem Rahmen einer Initiale (fol. 283). Derselbe Gerung fertigte Cartons für Wandteppiche, die ebenfalls für den Pfalzgrafen bestimmt waren,[2] und noch zu Anfang des Jahrhunderts sich im Schloss zu Neuburg befanden. Ein Teil dieser Teppiche ist seitdem verschollen, andere befinden sich im Nat. Museum zu München.[3]

Das Rathaus zu Lauingen bewahrt ein Tafelgemälde desselben Meisters, bezeichnet mit dem Monogramm und der Jahreszahl 1550, das Lager Karls V. vor Lauingen darstellend.

In Sebald Mayers Offizin zu Dillingen erschien anno 1555 das Augsburger Diözesan-Missale mit architektonischen Holzschnitt-Einfassungen und Initialen von Matthias Gerung.[4]

Wichtiger für uns sind die Bilder in der erwähnten Bibel, deren Ausmalung von einem älteren, sehr rohen Künstler begonnen worden war, und über deren Fortsetzung eine Bemerkung auf fol. 306 berichtet: „Wir Ottheinrich von Gottes Gnadn Pfalzgraf bei Rhein Herzog in Nidern und Obern Bairn haben am Ort da die allt Illuminierung aufhört und nemlich in Marco am Passion des 14 capitls ze illuminirn anfahen und die Figurn gar an das End machen und erstatten lassenn anno domini 1532".[5] Darüber steht das pfälzisch-bairische Wappen. Die Malereien sind unter dem Einfluss der Kupferstiche und Holzschnitte Dürers entstanden; ein neuer Beweis, wie die Buchillustration in ihren Darstellungen

---

Walter, die deutsche Bibelübersetzung des Mittelalters. Mit 3 Abbildgen. II. Teil. S. 376, 377. Braunschweig 1889—93. Jahrbuch des hist. Vereins Dillingen. (Dillingen 1897.) Mathis Gerung von Alois Wagner.

[1] Lübke a. a. O.

[2] Allgem. deutsche Biographie, Bd. 9, S. 75.

[3] v. Aretin: Altertümer und Kunstdenkmale des bairischen Herrscherhauses mit Abbildgen. 4. Heft. 1862.

[4] Butsch, Buchornamentik der Renaissance, 2 Bde. 1878, Hirth. Butsch hält es für wahrscheinlich, dass Gerung in Italien gewesen sei. Seine Bücherornamentik stände wohl unter dem Einflusse des Ugo da Carpi oder dessen Schule. Jedenfalls sprechen seine Bilder in der Bibel nicht dagegen.

[5] Mitgeteilt von W. Lübke a. a. O.

aus der Bibel von diesem grössten deutschen Meister des 16. Jahrhunderts völlig beherrscht wurde. Die Verkündigung an Maria aus der kl. Passion (B. 19), auf deren öfteres Vorkommen in den Handschriften schon früher hingedeutet wurde, wird auch von Gerung benutzt (fol. 72). Die verschiedenen Bilder zur Passionsgeschichte haben manche Züge von den Compositionen Dürers entlehnt. Auf den beiden Kreuzigungsbildern (fol. 69 u. 110) zeigen sich deutliche Reminiscenzen an die Holzschnittfolge der gr. Passion. Die Maria auf dem ersten Bilde (fol. 69) erinnert an die betende Frauengestalt auf der Beweinung Christi (B. 12), und die Gruppe der Maria, des Johannes und der einen die Maria unterstützenden Frau ist der gleichen Gruppe aus der gr. Passion (B. 11) entnommen. Der mit einem Kriegsknecht in eifrigem Gespräch vertiefte Reiter auf weissem Ross stammt aus einem Holzschnitt Lucas Cranachs d. ä. (Schuchardt Nr. 26). Die Composition der ersten Kreuzigung leidet unter einer gewissen Ueberfüllung, klarer im Aufbau ist die zweite Darstellung desselben Gegenstandes. Zu den besten Bildern muss die Geburt Jesu gerechnet werden (fol. 74) mit ihrer einfach strengen Composition. Ruhig beschauliche Scenen gelingen dem Künstler überhaupt besser als dramatisch bewegte. Die Abstufung der Empfindungen ist nicht gross bei ihm, nur auf dem einen Bilde, Christus und die Ehebrecherin, hat er den Widerwillen und die Verachtung der Zuschauer gut getroffen, während bei der Erweckung des Lazarus (fol. 127) die Beistehenden ziemlich teilnahmslos dreinblicken. Von geringerer Bedeutung und auch kleiner als die übrigen sind die Bilder zur Apostelgeschichte; die Briefe der Apostel gaben zur Illustrierung noch weniger Anlass. Dagegen ist die Apokalypse in den Bildern eingehend geschildert.[1] Hier erkennt man am deutlichsten den mächtigen Einfluss Dürers, der für die geheimnisvollen Visionen der Offenbarung einen unvergleichlich tiefsinnigen Ausdruck in der Kunst gefunden hatte.[2]

---

[1] Vgl. W. Lübke a. a. O. Es sei hier erlaubt den Vergleich mit Dürers Apokalypse, der sich bei Lübke auf eine allgemeine Charakterisierung beschränkt, etwas genauer durchzuführen.

[2] Man beachte den zeitlichen Unterschied; Dürers Apokalypse erschien in erster Auflage 1498, also ca. 34 Jahre vor Gerungs Apokalypse. Manche Veränderungen bei Gerung, z. B. in der Landschaft, erklären sich mit durch den weiten zeitlichen Abstand, der die Bilder von denen Dürers trennt.

Gerung beginnt mit der Schilderung der ersten Erscheinung (Offenbarung Johannis Cap. 1, 12 ff.), es fehlt also bei ihm Johannes auf Patmos und die Marter des Johannes, mit denen Dürer seine Apokalypse einleitet. Das Bild ist ganz in Dürer'schem Sinne componiert; eine genaue Uebersetzung der Textworte in die Sprache der Kunst.

Dem zweiten Bilde liegen die Worte des vierten und fünften Capitels, Vers 1—6, zu Grunde. Der Herr thront in Mitten der Evangelisten Symbole und der 24 Aeltesten, neben ihm das Lamm mit 7 Hörnern. Die Aeltesten legen ihre Kronen zu den Stufen des Altars nieder.

Im folgenden Bilde werden die 4 apokalyptischen Reiter geschildert (Cap. VI, 1—8).[1] Der erste auf dem weissen Ross trägt einen Regenbogen, bei Dürer spannt er den Bogen. Der zweite hält mit beiden Händen ein Schwert, der dritte schwingt eine Waage in der Rechten, der letzte endlich auf dem fahlen Ross holt mit dem Schwert aus, im engeren Anschluss an den Text als bei Dürer. Wie abgeschwächt erscheint bei Gerung diese Scene! Welche dämonische Gewalt auf der anderen Seite bei Dürer! Schon die doppelte Bewegung der Reiter wirkt in der Miniatur sehr ungeschickt, indem der Tod nach links, die übrigen 3 Reiter nach rechts reiten, und so die Einheit der Bewegung gestört wird. Auch fehlen die Menschen am Boden, die auf dem Dürer'schen Bilde mit ihren verstörten Blicken und vergeblichen Versuchen sich zu retten, die entsetzliche Wirkung der 4 Gestalten erst recht zum Bewusstsein bringen. Gerungs Composition wurde offenbar von dem gleichen Bilde in Burgkmairs Apokalypse beeinflusst.[2]

Im vierten Bilde werden die Verse des 6. Capitels (VI, 11—13) illustrirt. Sonne und Mond verfinstern sich, Sterne fallen vom Himmel, 4 Engel bekleiden mit weissen Gewändern die Blutzeugen.

Die Versiegelung der 144 000 Gläubigen stellt das folgende Bild dar (VII, 1—8). Beide Bilder entsprechen im Wesentlichen der Auffassung Dürers.

Die Verteilung der Posaunen an die Engel ist der Gegenstand

---

[1] Abbildg. VII.
[2] Abgebild. bei R. Muther, Die Buchillustration der Gotik und Frührenaissance, Taf. 176.

des 6. Bildes (Cap. VIII). Der Altar in den Wolken hat bei Dürer noch groteske Formen, bei Gerung ist es ein einfacher Renaissance-Altar. Auch die Landschaft, die in ähnlicher Weise componiert ist, hat sich der allgemeinen Umbildung und Abschwächung der Formen, wie sie sich im Ausdruck Gott Vaters z. B. zeigt, unterordnen müssen: Die Berge sind weniger steil und phantastisch, die Wolken weicher stilisiert.

Vom neunten Capitel hat Dürer nur einen Teil illustriert, bei ihm bilden die 4 Engel, die den dritten Teil der Menschen töten sollen, den Mittelpunkt. Gerung versucht die ganze Fülle der Schreckgestalten, von denen in diesem Capitel die Rede ist, wiederzugeben; dadurch wird seine Composition überfüllt und verworren.

Der Engel des 10. Capitels, der Johannes das Buch zu verschlingen gibt, hat einen Körper und Arme aus blauen Wolken gebildet, bei Dürer fehlt die Andeutung eines Körpers.

Auf dem nächsten Bilde werden mehrere Scenen zusammengefasst, die bei Dürer nicht vorkommen. Johannes erhält den Massstab (XI, 1), er misst den Tempel, einen weiten Hallenbau, auch die beiden Zeugen und das Tier (XI, V, 7) mit Flügeln und Hörnern werden dargestellt.

Auf dem folgenden zehnten Bilde finden sich mehrere Scenen des 12. Capitels vereinigt. Das Weib auf dem Monde stehend, der hier als Kopf gebildet ist (XII, 1). vor ihr der Drache, der mit seinem Schweif den dritten Teil der Sterne auf die Erde wirft dem Drachen Dürers genau nachgebildet. 2 Engel geleiten das neugeborene Kind zu dem Wolkenthron Gottes. Soweit stimmt das Bild mit dem gleichen bei Dürer überein. Der Kampf Michaels aber gegen den Drachen (XII, 7—9), der bei Dürer ein besonderes Bild einnimmt, ist hier mit der vorhergehenden Scene in einem Rahmen vereinigt. Auch hier also das Bestreben, den Inhalt eines Capitels möglichst vollständig auf einem Bilde wiederzugeben. Der Kampf der Engel des Himmels gegen die Engel des Drachen ist, wenn er auf Gerungs eigener Erfindung beruht, seine geistvollste Composition; die Geister der Tiefe verwandeln sich unter den Schwertstreichen der Engel in greuliche Missgestalten, während ihre Kleidung noch daran erinnert, dass sie vormals ebenfalls Bewohner des Himmels waren.

Dem 13. Capitel ist das folgende Bild gewidmet. Aus der Tiefe steigt der 7 köpfige Drache empor, von den Menschen staunend angebetet, das zweite Tier erscheint in Gestalt eines schwarzen Bockes, bei Dürer ist es halb Löwe, halb Widder.

Das zwölfte Bild stellt den Triumph des Lammes und den Fall Babylons dar. Die Engel des Gerichts, der eine mit der Sichel, der andere mit der Hippe finden sich ebenso wenig, wie der Fall Babylons bei Dürer.

Die beiden folgenden Bilder schildern die Ausgiessung der 7 Schalen des göttlichen Zornes (Cap. XVI, von Dürer übergangen).

Das antichristliche Reich unter dem Bilde einer Buhlerin erscheint auf dem 15. Bilde. Das gekrönte Weib reitet auf dem Drachen, in der Rechten eine Schale hochhaltend, die Linke hat sie auf das Knie gestützt. Die Anlehnung an Dürer ist sehr deutlich. Bei diesem finden sich noch der Engel mit dem Mühlstein (XVIII, 21), das brennende Babylon, und die Schar auf weissen Pferden (XIX, 14).

Gerung hat dem XVIII. und XIX. Capitel ein besonderes Bild gewidmet, das den Fall Babylons behandelt. Die Buhlerin reitet von dannen, begleitet von ihren Dienern. 3 Engel erscheinen in den Wolken, der eine vernichtet mit Feuer die Stadt (XVIII, 8), der andere wirft den Mühlstein ins Meer, der dritte versammelt die Vögel um sich (XIX, 17). Im Himmel zeigt sich der göttliche Richter und das himmlische Heer.

Auf dem letzten Bilde endlich sieht man die Fesselung des Teufels durch einen Engel, der einen grossen Schlüssel hält, ein anderer Engel zeigt Johannes das himmlische Jerusalem mit seinen 12 Thoren und 12 Engeln (XXI, 10).

Das jüngste Gericht ist ebenso wenig wie von Dürer in der Apokalypse behandelt. Die völlige Abhängigkeit des Malers von Dürer, nicht sowohl in der Wahl der Darstellungen — denn es finden sich bei Gerung mehrere Scenen, die ohne das Vorbild Dürers geschaffen wurden — als vielmehr in der Art und Weise der Auffassung, wird durch den Vergleich sofort klar. Hier wie dort die wörtliche Uebertragung der Schrift in das Bild. Während aber Dürer durch den Ernst und die Tiefe seiner Gestaltungskraft den phantastischen Bildern der Offenbarung ganz gerecht wird, bleibt Gerung mit seiner mehr lyrischen Auffassung weit hinter ihnen zurück.

— 35 —

Die stärkste Seite des Lauinger Meisters ist die Landschaft,[1] die einen von Dürer durchaus verschiedenen Charakter trägt. In grossen, einfachen Linien heben sich die Berge vom Horizont ab, keine schroffen, phantastischen Felsen, keine Ueberfülle von Einzelheiten. Die Landschaft verliert den wilden, grossartigen Charakter, den sie auf Bildern Dürers annimmt, gleichsam ein Abbild des kraftvollen Geschlechtes, das sie bewohnt. Auch die Architektur folgt dem Zug nach Einfachheit. Sie besteht aus einem Gemisch von romanischen- und Renaissance-Elementen, wie so häufig auf Gemälden des 16. Jahrhunderts. Gewöhnlich erscheint eine weite Rundbogen-Halle, so auf fol. 67, Christus vor Caiphas, oder auf dem Gleichnis vom reichen Mann (fol. 98). Bei der Ausstattung der Innenräume ist alles unnötige Beiwerk fortgelassen. Genug, in der Landschaft wie in der Architektur macht sich dasselbe Streben nach Vereinfachung und Grösse der Formen geltend, das der deutschen Kunst im Allgemeinen nicht eigentümlich ist, und mehr auf italienische Einflüsse hindeutet. Für die Buchmalerei blieben die Miniaturen Gerungs, die zum grössten Teil auf fremde Erfindung sich stützten, ohne weitergehende Wirkung.

Als Beispiel für die reichentwickelte Buchornamentik der Frührenaissance in Augsburg reihen wir hier das schon oben erwähnte Eerengedechtnusbuch vom Jahr 1545 an (Nat. Museum, München), zu dem ein ähnlich, aber einfacher ausgestattetes Ehrenbuch des Herwartischen Geschlechts hinzukommt, von Georg Herwart, Bürgermeister zu Augsburg, zusammengestellt ao. 1544 (Augsburg, Stadtarchiv). Dies letztere Buch enthält auf den ersten Seiten den Text, der von Ranken umgeben wird, auf den übrigen Seiten sind Wappen gemalt. Die Ranken sind bald streng symmetrisch, bald freier rythmisch bewegt mit mehr oder weniger stilisierten Blättern oder Blüten. Putten, allerhand Tiere und Jagdscenen kommen darin vor. Zeichnung und Bemalung sind gleich flüchtig.

Mehr Abwechselung bieten die beiden Bände des Ehrenbuches der Stadt Augsburg.[2] Das Ornament nimmt die 4 Seiten des Textes

---

[1] Lübke a. a. O. Dass Gerung italienischen Einflüssen ferner geblieben sei, als Dürer, Holbein und Burgkmair (Lühke S. 323), dürfte sich schwer nachweisen lassen.

[2] Ueber Ehrenbücher der Stadt Augsburg vgl. Stetten: Kunst-, Gewerb- und Handwerks-Geschichte der Reichsstadt Augsburg. Augsburg 1779, S. 294.

ein. In den 4 Ecken sind Medaillons mit Profilköpfen angebracht. An ältere Vorbilder erinnern die Jagdscenen, die Hasen, die einen Jäger braten, die Jungfrau mit dem Einhorn. Gegenstände aus dem alten Testament (Opfer Isaak's) und der antiken Sage (Romulus und Remus mit der Wölfin) werden in das Ornament verflochten, in dem auch Genrescenen vorkommen. Zahlreich sind die Putten mit ihren verschiedenen Beschäftigungen, spielend, musicierend, jagend und kämpfend. Grotesken erscheinen in den mannigfaltigsten Zusammensetzungen als Widder, Delphine, Pferde, Einhorn u. s. f. Tiere und Pflanzen werden zum Teil naturalistisch gebildet, doch nie regellos über den Rand verstreut, sondern symmetrisch angeordnet.

Der Charakter bleibt derselbe, wie in älteren Handschriften: Figürliche Darstellungen und ornamentale Formen in willkürlicher Weise vermischt. Nur dass dem späteren Künstler ein grösserer Reichtum an Renaissancemotiven zu Gebote steht, mit denen er seine Bücher verziert. Vegetabilische Elemente treten sehr in den Vordergrund, architektonische Formen kommen dagegen nicht vor.

III.

Die Nürnberger Schule.

Die vielfachen Beziehungen zu Dürer, die sich in Handschriften des bairischen oder schwäbischen Kunstkreises fanden, leiten uns zu dem zweiten wichtigen Kunstcentrum Oberdeutschlands, zur Nürnberger Malerschule hinüber. Dass hier die Anklänge an Dürer noch deutlicher, die Abhängigkeit von ihm eine noch grössere war, versteht sich von selbst. Wenn die Miniaturmalerei mehr noch als die Tafelmalerei jenen Einflüssen unterlag, so wirft das ein eigentümliches Licht auf die Stellung, die die erstere innerhalb der allgemeinen Kunstentwickelung einnahm: Sie verzichtet fast immer darauf, für eine künstlerisch bedeutende Darstellung einen eigenen Ausdruck zu schaffen. In den Werken Dürers fand man einen so unerschöpflichen Reichtum an neuen Gedanken und Formen, dass man kaum noch daran dachte selbst zu erfinden. Die Miniaturmaler begnügten sich vielfach damit, durch oberflächliche Aenderungen an den von ihnen benutzten Bildern wenigstens den Schein der Selbständigkeit zu wahren. Allein, wir dürfen wohl nicht annehmen, dass es nur die Ideenarmut der Maler war, die zum Copieren fremder Vorbilder zwang; sehr oft mag der ausdrückliche Wunsch der Besteller ausschlaggebend gewesen sein für die Wahl dieses oder jenes Kupferstichs und Holzschnitts als Vorlage für eine Miniatur. Wie frei man übrigens über eine so weit gehende Benutzung fremder Werke dachte, beweisen die Monogramme der Miniaturmaler, die diese zuweilen auf ihren Copien anbrachten, ungeachtet dessen, dass ihnen doch kaum noch ein eigenes Verdienst an denselben zugesprochen werden darf.

Ein zweiter Faktor macht sich auch in Nürnberg neben dem Einfluss Dürers in der Buchillustration geltend: Die Nachahmung der niederländischen Handschriftenornamentik. Es war namentlich die Familie der Glockendon, die in ihren reich verzierten Büchern die Ränder mit den feinen, naturalistisch gebildeten Tieren und Blumen bestreuten, die dem Geschmack der Kunstliebhaber wohl ebenso sehr entsprechen mochten, als ihrem eigenen. Dagegen scheint die Umbildung oder, wenn man will, Vergröberung dieser Verzierungsweise, wie sie sich in einigen Handschriften oberbairischer Klöster fand, auf letztere beschränkt geblieben zu sein.

Das Rankensystem wurde nicht aufgegeben, sondern immer reicher und bunter ausgestaltet. Dabei werden die Verschlingungen dichter und regelmässiger, die Blätter breiter und abgerundeter, die spitzig ausgezackten Blätter und die langen Ruten-förmigen Ranken verlieren sich allmählich.

Neben diese beiden ornamentalen Gattungen treten, wie in Augsburg, so auch hier die Formen der italienischen Renaissance.[1]

Auch in Nürnberg waren es zunächst die gemeinsamen Handelsinteressen, die die Grundlage bildeten für den Austausch litterarischer und künstlerischer Interessen. Augsburg stand mit

---

[1] Dass wir letztere in Nürnberger Handschriften früher als in Augsburger antreffen, ist sicherlich nur Zufall. Es ist wenigstens nicht wahrscheinlich, dass die Miniaturmalerei, die im Uebrigen der Entwickelung der allgemeinen Kunst nachfolgt, in Nürnberg früher Renaissancemotive annehmen sollte, während doch sonst in Augsburg die Renaissance schneller Boden gewinnt.

Mailand und der Lombardei, Nürnberg mit Venedig in engsten Beziehungen. Venedig war die Stadt Italiens, in der die Renaissance am spätesten zur Herrschaft gelangte. Dies zähe Festhalten am gotischen Stil wird leicht begreiflich, wenn man bedenkt, zu welcher feinen Eigenart er sich daselbst ausgebildet hatte. Eine Rückwirkung dieser Stellung Venedigs innerhalb der italienischen Kunst auf Nürnberg ist nicht ausgeblieben. Nürnberg war den italienischen Einflüssen weniger zugänglich als Augsburg, und wie frei man dort die Renaissance umformte, dafür bieten die Malereien Dürers für das Gebetbuch Maximilians ein classisches Zeugnis.

Ein Hauptgrund für die grössere Selbständigkeit in der Malerei während des beginnenden 16. Jahrhunderts den Italienern gegenüber liegt darin, dass das Haupt der Nürnberger Schule, Dürer, zu fest mit der älteren deutschen Kunst des 15. Jahrhunderts verwachsen und selbst eine zu stark ausgeprägte Persönlichkeit war, als dass er sich dauernd hätte von den Italienern beeinflussen lassen können. Dürer ist nicht eigentlich Renaissancekünstler gewesen, wenn man darunter hauptsächlich einen antikisierenden Künstler versteht. Antike Motive, die zuweilen bei ihm vorkommen, tragen immer den Stempel eines ganz individuellen Stiles an sich. Er gehört jener Zeit an, die den Abschluss des Mittelalters bildet und zugleich einer neuen Entwicklung die Thore öffnet. Die Malerei und Skulptur des ausgehenden 15ten und der ersten Jahre des folgenden Jahrhunderts scheiden sich ebenso deutlich von der vorausgehenden als von der nachfolgenden Epoche, und Naturalismus ist das Schlagwort, das diesen Zeitraum beherrscht.

Von den Schülern Dürers gilt freilich nicht die gleiche Unabhängigkeit von der italienischen Kunstweise. Dass sie sich gern der neuen, decorativ so gut zu verwendenden Formen bemächtigten, ist nur natürlich, aber auch im Figürlichen macht sich bei einigen unter ihnen eine Richtung geltend, die im Streben nach Schönheit und Eleganz nicht selten manieriert wird.

Die Motive der Ornamentik sind im Wesentlichen die gleichen, wie sie sich in der zuerst behandelten Handschriftengruppe vorfanden. Die vorherrschenden vegetabilischen Elemente verleihen den decorativen Formen den Schein organischen Lebens, auch da, wo sie symmetrisch streng aufgebaut sind. Die architektonische

Umrahmung kommt bei ganzseitigen Bildern vor, aber die gebundenen Formen lösen sich gern in eine phantastische Scheinarchitektur auf, in der Pflanze, Tier und Groteske die Architektonik überwuchern. Die Vorliebe, im Randornament eine Fülle von Scenen anzubringen, die nur selten im Zusammenhang mit dem Texte oder den Hauptbildern stehen, und mehr dem Bedürfnis nach Unterhaltung und Belehrung entsprungen zu sein scheinen, war in Nürnberg in gleicher Weise vorhanden, wie in Schwaben und Baiern, hier wie dort auf ältere Vorbilder zurückgehend. Die Tierfabel liefert häufig den Stoff für die launigen Darstellungen zwischen den Ranken.

Die Miniaturmalerei stand in Nürnberg am Schlusse des 15. Jahrhunderts ungefähr auf der gleichen Stufe der Entwicklung als in Augsburg. Ein Beispiel mag hier genügen, um die Aehnlichkeit im Stil darzulegen. Im Jahre 1498 wurde für das Kloster Michelfeld ein Evangeliar (Nürnberg, Stadtbibliothek Solg. Ms. fol. Nr. 9) von Frankendörfer, Bürger in Nürnberg, geschrieben.[1] Die Bilder innerhalb der Initialen sind von geringem künstlerischen Wert. Bei der Fusswaschung Petri (fol. 10) stimmt die Gruppe des knieenden Christus, der im Begriff ist, den rechten Fuss Petri zu waschen, des sitzenden Petrus, der mit der Linken sein Gewand zurückstreift und mit der Rechten sich an die Stirne greift,[2] und des Johannes mit der Wasserkanne in der rechten Hand und dem Handtuch über der linken Schulter genau mit der gleichen Gruppe aus der kl. Passion Dürers (B. 25) überein. Da die kleine Passion erst in den Jahren 1509 und 1510 entstand, so müssen wir annehmen, dass die Ausmalung erheblich später als die Vollendung des Textes erfolgte. Zwischen den stilisierten Ranken kommen naturalistische Blumen und Früchte vor: Nelke, Rose, Akelei, Erdbeere und Weinrebe, wie sie in den oberdeutschen Miniaturen während des 15. Jahrhunderts ungemein häufig sind. Unter den figürlichen Darstellungen innerhalb der Ranken erscheinen ein Jäger, der mit dem Bogen nach einem Vogel schiesst, ein wilder Mann der einen Hasen am Hinterbein festhält, Simson mit den

---

[1] Erwähnt von Rettberg. Nürnberger Briefe. S. 178. Waagen, Kunstwerke und Künstler in Deutschland. I, S. 275.
[2] Dieses Motiv auch von Dürer aus älteren Denkmälern übernommen.

Thüren von Gasa, der Fuchs als Beichtvater der Gans, derselbe, wie er mit einem Korb voll Hühner auf dem Rücken und auf 2 Stecken gestützt zu Markte geht, endlich das Einhorn, das in den Schoss der Jungfrau flüchtet — fast alles Scenen, die in der Buchillustration zu einem festen Bestande geworden waren.

Blieb diese Handschrift im Ornament noch ganz auf dem Boden älterer Werke stehen, so zeigen sich wenigstens Spuren neuer Formenelemente in einem zweibändigen Chorbuch, das aus dem Besitz der Familie Kress in die Sakristei der Lorenzkirche zu Nürnberg kam, und dort aufbewahrt wird. Nach Rettberg sollen die beiden Bände von Jakob Elsner[1] gemalt worden sein, der 1346 starb, und für denselben Anton Kress ein Messbuch 1513 ausmalte, das sich gleichfalls in der Lorenzkirche befand, 1617 aber der Familie Kress wieder ausgeliefert wurde, und die gleiche Hand verriet, wie die beiden noch in der Kirche befindlichen. 1507 wurde der erste Band im grössten Folio Format (66,5 : 45.5 cm.) begonnen und 1510 der zweite vollendet. Sie enthalten die Festtagslektionen. Innerhalb der stilisierten Ranken des ersten Bandes kommen die gewöhnlichen Darstellungen vor: Ein Fuchs, der ein Gänseorchester dirigiert (daher der Name „Gänsebuch"), ein wilder Mann, der nach einem Hirsch schiesst. Engel musicierend und aus Blumenkelchen hervorwachsend mit den Marterwerkzeugen. Fol. 243 stellt 3 schmausende Bauern dar, eine Anspielung auf das Kirchweihfest. Die sorgfältig ausgeführten Innenbilder der Initialen enthalten Darstellungen, die sich auf die Festtage beziehen

In ähnlicher Weise ist der zweite Band ausgestattet: zweimal machen sich Renaissanceformen bemerkbar, auf fol. 84 sind die Ranken streng symmetrisch angeordnet, und auf fol. 205 nimmt ein Renaissancebrunnen den Rand ein, Ranken wachsen aus ihm heraus und zwei Vögel trinken von seinem Wasser. Unter den Randscenen kommt die merkwürdige Darstellung eines Drachen vor, der im Begriff ist, ein Kind zu verschlingen, während eine wilde Frau mit einer Keule nach ihm schlägt.

---

[1] Erwähnt bei Waagen, Kunstw. und Künstler in Deutschland, I, S. 251. Rettberg, Nürnbergs Kunstgeschichte, S. 144. »Sammler«, 2. Heft, S. 18 f. Thode, die Malerschule von Nürnberg, S. 195. Joh. Neudörfer, Nachrichten von Künstlern und Werkleuten in Nürnberg. (Quellenschrift f. Kunstgesch. X mit Anmerkg. von Lochner, S. 139)

Ein Werk, das nicht nur den Einfluss Dürers erfuhr, sondern sicher aus seiner Schule hervorging, sind die neutestamentlichen Perikopen und Episteln der Universitätsbibliothek zu Jena, 2 Bände vom Jahre 1507.[1] Der Deckel des ersten Bandes mit dem Brustbilde Christi in der Mitte eingelassen, dem sächsischen und kurfürstlichen Wappen, sowie den 4 Evangelisten-Symbolen in Bronce-Relief ist jedenfalls gleichzeitig mit der Handschrift entstanden. Vielleicht wird ein glücklicher Zufall die Rechnung in den Archiven finden lassen, die den Namen des Malers nennt.

An Dürer selbst, als den Maler der beiden Vollbilder,[2] ist keinesfalls zu denken, worauf wir später zurückzukommen haben.

Die 2. Seite enthält das Wappen mit den beiden gekreuzten Kurschwertern, die 3. das sächsische Wappen. Auf dem Rande steht die Jahreszahl 1507 und darunter die Unterschrift „Fridericus dei gratia dux saxonie sacri romani imperii archimarscalcus et princeps elector romanorum regie maiestatis imperii que regiminis locum tenens". Die Handschrift wurde also für Friedrich, Kurfürst von Sachsen, womit nur Friedrich der Weise gemeint sein kann (1463—1525), geschrieben und gemalt.[3] Die folgende Seite nimmt die Kreuzigung Christi ein.[4] Der roh behauene Kreuzstamm steht in der Mitte des Bildes. Das Haupt Christi ist auf seine rechte Schulter gesunken, die Augen sind geschlossen. Am Stamm des Kreuzes, dasselbe mit beiden Armen umschlingend, kniet Maria Magdalena, den Blick schmerzvoll nach oben gerichtet, ihre Tracht mit den langen, geschlitzten Aermeln und dem Schleier auf dem Haupte ist die einer Bürgersfrau des 16. Jahrhunderts. Rechts steht Johannes, der Kopf ist leicht erhoben, beide Hände halten ein Buch. Er ist mit einem roten Untergewand bekleidet, darüber fällt in reichen Falten ein bräunlich goldener, innen blauer Mantel. Ihm gegenüber Maria, den Blick zu Boden gerichtet, die Hände über die Brust gekreuzt, ein weisses Kopftuch lässt nur das Gesicht frei, der blaue Mantel fällt über ihre Schultern und hüllt die ganze Gestalt ein.

---

[1] Bau- u. Kunstdenkmale Thüringens, Verwaltungsbezirk Apolda.
[2] Vgl. Lehfeld in Bau- und Kunstdenkmale Thüringens.
[3] Schuchard (Lucas Cranach d. ä. Leben und Werke, II, S. 74, Nr. 318) gibt das Wappen mit den Kurschwertern, sowie das Wappen im zweiten Bande als Werke Lucas Cranach des älteren an. Worauf sich diese Behauptung stützt, ist nicht ersichtlich.
[4] Abbildg. VIII.

Den Hintergrund bildet eine reich componierte Landschaft mit der Aussicht auf das vieltürmige Jerusalem. Johannes und Maria zeigen deutlich den Einfluss des Schongauer'schen Kupferstichs (B. 25). Die Haltung des Kopfes bei Johannes hat der Maler auf der Miniatur verändern zu müssen geglaubt, aber die Stellung, die Haltung der Hände, die Falten des Gewandes stimmen bis auf kleine Details überein. Der Gesichtsausdruck der Maria ist wenig verändert, er ist ruhiger aber auch gleichgiltiger geworden, ohne die geistige Vertiefung, wie sie sich bei Schongauer findet. Die Falten sind dieselben wie auf dem Stich. Ganz verändert ist die Landschaft, weniger geistreich componiert in der Miniatur, ihr fehlen die stimmungsvollen, fein abgewogenen Contraste, die dem Blatte Schongauers einen so hohen Reiz verleihen. Das Incarnat ist bräunlich, der Körper Christi gut modelliert. Ein warmer, sonniger Ton gibt die Grundstimmung in der sorgfältig ausgeführten Landschaft an. Den Rand bilden auf mattem, braun-goldenem Grund naturalistische Blumen, die sich durch Schatten abheben, Vögel und Insekten. In den 4 Ecken sind die Evangelisten-Symbole angebracht, die auf Spruchbändern die Namen der Evangelisten tragen, und Kinderengel mit dem sächsischen und kurfürstlichen Wappen und den Marterwerkzeugen Christi. Die Autorschaft Dürers[1] muss als ausgeschlossen gelten. Dürer hätte nie in der Weise einen Künstler benutzt, dass er Falte für Falte copierte, zudem ist die Modellierung der Hände und Fusse zu gering. Welchem Meister die Malereien zugeschrieben werden dürfen, muss unentschieden bleiben.

Der Schmuck der übrigen Seiten besteht in Initialen, deren Innenbilder sich auf den Text beziehen, und in Randornamenten. Die Ranken sind in der traditionellen Weise mit streng stilisierten Blättern und Blüten behandelt, und bieten dem Maler Gelegenheit darin all die Scenen mit oder ohne Anspielung auf den Text anzubringen, die notwendig zur Ornamentik kirchlicher Handschriften gehörten. Da finden sich wieder der wilde Mann im Kampfe mit einem Bären, der Fuchs und die Henne, das Einhorn, das sich in den Schoss der Jungfrau flüchtet, Simson mit den Thüren von Gasa, der Pelikan als Symbol für den Opfertod

---

[1] Vgl. Lehfeld a. a. O. »wohl von Dürer«.

Christi, die Wurzel Jesse,[1] daneben auch spielende und musicierende Putten und allerlei Tiere.

Den zweiten Teil umschliesst ein ähnlicher Band wie den ersten, in den 4 Ecken die Kirchenväter in Relief, die Mitte nimmt das Bild des Apostels Paulus ein, von derselben Hand wie die Bilder im Innern gemalt. Die zweite und dritte Seite gleichen den entsprechenden im ersten Bande. Auf fol. 4 ist die Beweinung Christi dargestellt.[2] Johannes unterstützt kniend den Körper des Herrn, der auf einem weissen Tuche ruht. Maria hält die linke Hand des Sohnes, und ist im Begriff sich die Thränen aus den Augen zu wischen. Neben ihr kniet eine andere Frau, von der nur der Kopf sichtbar ist, hinter dieser Gruppe stehen 3 Frauen, eine von ihnen durch ihre Kleidung als Maria Magdalena charakterisiert, Josef von Arimathia und Nikodemus mit einem Gefäss. Im Mittelgrund gewahrt man die Grablegung und die beiden Schächer am Kreuz. Eine hohe Bergkette schliesst das Bild nach hinten ab. Der Composition lag offenbar der Holzschnitt Dürers aus der grossen Passion (B. 13) zu Grunde, doch hat sich der Maler manche Freiheiten und Veränderungen erlaubt; so erscheint die Gruppe des Vordergrundes im Gegensinn. Bei Dürer steht nur eine Frau, die Hände faltend, hinter Maria, während Maria Magdalena sich mit klagend erhobenen Armen über den Leichnam beugt, und die dritte Frau zur Seite kniet. Josef von Arimathia und Nikodemus fehlen bei Dürer, ebenso die Grablegung im Mittelgrunde. Wie so oft wurde also auch hier eine einzelne Gruppe aus einer Composition Dürers in die Miniatur herübergenommen.

Den Rand des Bildes nehmen Engel mit den Marterwerkzeugen Christi und das sächsische und kurfürstliche Wappen sowie die 4 Kirchenväter ein. In den Ranken finden sich ähnliche Darstellungen wie im ersten Bande: Ein Mann im Kampfe gegen einen Bären, eine wilde Frau, die ihr Kind gegen einen Löwen verteidigt, verschiedene Tiere, darunter ein Elephant, ein Strauss und 2 Pfauen, auch ein Dudelsackpfeifer.

Der Maler steht auf der Grenze zwischen der alten und neuen

---

[1] Abbildg. IX.
[2] Vgl. Lehfeld a. a. O. mit Abbildung.

— 44 —

Zeit; im Ornament folgt er der älteren Weise mit ihren stilisierten Ranken und figürlichen Darstellungen, aber neben die Engel tritt bereits der Putto. Am besten zeigt sich der Künstler in der Behandlung der Landschaft, die den Einfluss Dürers im Colorit wie in der Composition verrät. Weniger gut gelingen ihm die Figuren, namentlich wenn er sie frei schaffen will.

Aus der Schule Dürers ging auch ein kostbares Missale hervor, das sich jetzt auf der herzoglichen Bibliothek zu Wolfenbüttel befindet. (A. Aug. fol. Pergmt. 61 : 42 cm. 186 beschr. Bl.)[1] Die Handschrift enthält 7 Messen. Die erste von ihnen zu Ehren der hl. Jungfrau zeigt in der Initiale die Verkündigung an Maria. In einer Renaissancehalle kniet die Jungfrau vor einem Betpult und wendet sich dem in kühner Bewegung herabschwebenden Engel zu. Das offene Fenster gewährt den Ausblick auf eine Landschaft mit Stadt. Auf derselben Seite befindet sich das bairische Wappen. Auf der gegenüberliegenden sieht man das Bild eines Fürsten. Er trägt einen schwarzen Hermelin besetzten Mantel, braunes volles Haar, kurzen Vollbart und Schnurrbart. Der Dargestellte ist Wilhelm IV., wie die Beischrift zu erkennen gibt: „Wilhelmus dux Baivarie 1519", für den die Handschrift vermutlich angefertigt wurde. Unter dem Bilde des Herzogs steht das österreichische Wappen.

Die folgende Messe für den Ritter St. Georg ist mit dem Bilde des Heiligen geschmückt. Der bartlose jugendliche Mann hält in der Linken die Kreuzfahne, während er mit der Rechten den Hals des Drachen gepackt hat. Der knieende und betende Fürst auf der gegenüberliegenden Seite lässt sich nicht näher feststellen. Den Rand schmücken die Wappen der bairischen Städte, ausserdem unter den beiden Bildern das bairische und combinierte österreichisch-portugiesische Wappen.[2]

[1] Beschreibung und 2 Abbildungen bei O. v. Heinemann, die Handschriften der herzogl. Bibliothek zu Wolfenbüttel, 2 Abt. die augusteischen Handschriften I. «Ursprünglich wohl für Herzog Wilhelm IV. von Baiern gemalt und geschrieben, soll bei Eroberung Münchens durch die Schweden im Jahr 1631 von dort entführt worden sein. Im Jahr 1653 von Herzog August für einen hohen Preis aus Baiern erworben.»
[2] Wohl das Wappen der Kunigunde, Gemahlin Albrechts IV, Tochter Friedrich's III. und Mutter des Herzogs Wilhelm, vgl. v. Heinemann a. a. O.

Die dritte Messe, de visitatione beatae Mariae, zeigt das Bild der Maria und Elisabeth mit der Jahreszahl 1520, darunter wieder ein Wappenschild, von 2 Rittern gehalten, mit dem schwarzen Reichsadler auf orangefarbigem Grunde. Auf der folgenden Seite ist der hl. Sebastian, nach Dürers Stich (B. 56), und Christoph, sowie das bairische Wappen gemalt.

Die vierte Messe hat als Titelbild den knieenden König David; die Harfe liegt vor ihm am Boden, in den Wolken ist Gott Vater sichtbar, eine bergige Landschaft mit Burg nimmt den Hintergrund ein. Auf dem zweiten Bilde derselben Seite stehen zwei Frauen mit Kronen und Scepter (Maria und Elisabeth?). Auf der nebenstehenden Seite sieht man oben Adam und Eva, die Körper heben sich leuchtend vom schwarzen Grunde ab. Eva steht rechts, mit dem linken Arm hat sie den Baum umschlungen, während sie in der Rechten den Apfel hält. Adam greift mit der Linken nach der Frucht. Beide sind sich im Profil zugewandt. Um einen Ast des Baumes ringelt sich die Schlange. Das Bild zeigt eine entfernte Verwandtschaft mit dem Stich Dürers (B. 1), namentlich in der dunklen Hintergrundbehandlung. Eine ebensolche ganz allgemeine Aehnlichkeit besteht zwischen dem Bilde der Maria mit dem Kinde auf derselben Seite und der Madonna Dürers von 1511 (B. 41). Maria sitzt im Freien, den rechten Arm hat sie um das Kind geschlungen, in der Linken hält sie eine Frucht. Hinter ihr wird der untere Teil eines starken Baumstammes sichtbar. Die Composition im Gegensinn ist, wie gesagt, nur eine ganz freie Wiederholung.

Die fünfte Messe enthält das Bild der Trinität, Gott Vater mit dem Leichname Christi, 2 Engel halten seinen Mantel, oben schwebt der hl. Geist als weisse Taube. Auf dem unteren Bilde stehen die 3 Apostel Andreas mit dem schrägen Kreuz, Judas Thaddäus mit der Keule und Simon mit der Säge in einer Waldlandschaft. Auf der anderen Seite sind Maria und Johannes vor dem Gekreuzigten und unten die hl. Katharina, Barbara und Maria Magdalena abgebildet.

Zur sechsten Messe gehören 4 Brustbilder, links die Kaiser Maximilians und des Herzog Albrechts IV., von Baiern,[1] rechts

---

[1] Abgebildet bei v. Heinemann a. a. O. (Der Tradition nach von Dürer.)

Karls V. als Kind und Wilhelms IV. Den Rahmen bilden jedesmal 2 Säulen, die durch einen Bogen verbunden sind. Die Porträts zeigen in ihrer lebensvollen Auffassung den Maler auf der Höhe seines Könnens.

Die siebente Messe endlich, das Requiem, wird durch das jüngste Gericht illustriert. Die Composition ist die gewöhnliche: Christus sitzt auf dem Regenbogen, die Füsse auf der Weltkugel, rechts und links Schwert und Lilie und je ein Engel mit der Posaune des Gerichts. Unten knieen Johannes und Maria, zwischen beiden steigen die Toten aus ihren Gräbern auf. Auf dem unteren Bilde steht ein goldener Sarkophag von 4 Candelabern umgeben. Das obere Bild der rechten Seite stellt die Jagd des Todes dar: Gerippe mit Sense und Bogen kämpfen gegen Ritter. Darunter der Altar für die Seelenmesse.

Die Anordnung der Bilder ist immer die gleiche, zu jeder Messe gehören 4 Bilder, von denen je 2 über einander auf 2 gegenüberliegenden Seiten stehen. Mit grosser Sorgfalt ist das Ornament behandelt. Freilich hat der Künstler ohne Rücksicht auf eine einheitliche Wirkung alle Formen verwertet, die sich ihm zur Ornamentierung boten. Oefters ahmt er die niederländische Weise nach: Verstreute Blumen und naturalistische Tiere auf mattem Goldgrunde. Auf fol. 2 sind die bairische blau-weisse Raute und die österreichischen roten Balken in weissem Felde als Grund benutzt für ein reiches Renaissanceornament mit Körbe und Schalen tragenden Putten. In ähnlicher Weise ist auf fol. 55 der Grund halb schwarz, halb orangefarbig, darauf sind Blumen, Tiere und Putten gemalt, von denen einer damit beschäftigt ist, einen Hund zu dressieren. Eine schmale Kante am Rande ahmt geschliffene Edelsteine auf einem Bande nach. Nach französischem Vorbilde ist der Rand auf fol. 78 durch diagonal verlaufende Linien in kleine verschiedenfarbige Felder geteilt, auf die naturalistische Tiere und Blumen, auch stilisiertes Blattornament gemalt sind. Ein reizender Kranz musizierender und tanzender Putten auf grünem und rotem Grunde rahmt die Seite mit dem Bilde Adams und Evas ein. Am reinsten kommen die italienischen Formen auf fol. 111 zur Geltung. (Kannte der Künstler etwa die Vaticanischen Loggien?) In dem Randornament zur 6. Messe werden Bauerntanz und Bauernmahl geschildert, und das Requiem wird in phantastischer Weise durch einen aus Totenköpfen, Knochen und Schlangen gebildeten Fries auf schwarzem Grunde eingefasst. Auf dem unteren Rande findet sich die bekannte Darstellung der 3 Könige zu Pferde, die auf ihrem Ritt auf 3 offene Särge stossen, aus deren mittelsten sich ein Toter aufrichtet. Rechts sind 3 Einsiedler sichtbar, die einen vierten begraben. Die andere Seite zeigt den Tod als Würger: Der Tod schiesst mit dem Bogen auf einen liegenden alten Mann, er steht neben einem Ritter, und zweimal ergreift er einen Jüngling, der von einer wehklagenden Jungfrau betrauert wird. Das Begräbnis und die Totenköpfe auf dem Rande vervollständigen das Bild von der unerbittlichen Macht des Todes, die namentlich im beginnenden 16. Jahrhundert so gern zum Gegenstand künstlerischer Behandlung gemacht wurde. Nicht minder originell sind die Initialen aus stilisiertem Blattwerk, Drachen- und ähnlichen phantastischen Köpfen zusammengesetzt.

In den Bildern finden sich Compositionen Dürers ziemlich frei verarbeitet. Seinen Einfluss erkennen wir auch im Ornament. Die Renaissancesäule (fol. 1) erinnert in ihrem reichgegliederten Aufbau an die Pirkheymer'sche Bordüre und an ähnliche Bildungen im Gebetbuch für Kaiser Maximilian. Gerade die Verwandtschaft in den ornamentalen Formen macht es wahrscheinlich, dass dieses Missale in Nürnberg entstand, denn Entlehnungen aus Holzschnitten und Kupferstichen Dürers kommen, wie wir gesehen haben, auch in Werken vor, die in Schwaben oder den oberbairischen Klöstern entstanden, und beweisen nichts für deren Ursprung. Freilich finden sich auch so viel fremde Elemente in der Decoration, dass eine bestimmte Zuteilung sehr erschwert wird.

Eine ausgedehnte Thätigkeit in der Miniaturmalerei entfaltete die Familie der Glockendon in Nürnberg, und machte die Stadt zu einem Mittelpunkt für die Ausübung dieses Kunstzweiges.[1]

[1] Literatur: Joh. Neudörfer a. a. O. 47 u. 48. Joh. Gabriel Doppelmayr. Historische Nachricht von den Nürnbergischen Mathematicis und Künstlern, S. 198. 199. Nürnberg 1730. Nagler, Künstlerlexikon V, 239. Allgem. d. Biographie IX, S. 238 (R. Bergau). Rettberg, Nürnberger Briefe S. 170. Derselbe: Nürnbergs Kunstleben S. 72. Baader, Beiträge zur Kunstgeschichte Nürnbergs. Bucher, Gesch. der techn. Künste I. Bd. S. 240 f. Sighart, Gesch. der bild. Künste im Königreich

Zahlreiche Buchmalereien aus ihrer Werkstatt sind uns noch erhalten. Die Verwandtschaftsverhältnisse der weit verzweigten Familie sind nicht ganz klar. Wir kennen einen Albert Glockendon d. ä., geb. um 1450 in Nürnberg, der Kupferstiche nach Schongauer copierte. Georg Glockendon d. ä., † 1515, der älteste bekannte Nürnberger Formschneider, war Illuminist, malte Initialen und Wappenbriefe. Derselbe hatte Söhne und Töchter, „die hielt er dazu, dass sie täglich dem Illuminiren und Briefmalen hart mussten obsitzen".[1] Unter seinen Söhnen sind bekannt: Georg d. j. 1492—1553 (mit seinem Vater Georg d. ä. verwechselt von Doppelmayr), Nikolaus † ca. 1560 (nicht Sohn Georg's d. j. wie bei Doppelmayr, und danach Rettberg und Bergau in der allgem. d. Biographie a. a. O., da das Missale des Nikolaus Gl. von 1524 datirt ist, vielmehr Bruder Georgs d. j.), Albrecht d. j. lebte während der 1. Hälfte des XVI. Jhrh. Nur von der Thätigkeit der beiden Letztern können wir uns nach den noch heute erhaltenen Werken eine ziemlich deutliche Vorstellung machen. Beide standen ganz unter dem Einflusse Dürers, und Nikolaus muss auch persönliche Beziehungen zu Dürer gehabt haben, da dieser an den Cardinal-Erzbischof von Mainz schreibt, er habe wegen des Messbuches für den Cardinal mit dem Illuministen Nikolaus Glokkendon verhandelt.[2]

Das genannte Missale, ein Hauptwerk des Nikolaus Glockendon, befindet sich auf der Bibliothek zu Aschaffenburg.[3] Der Maler nennt sich am Schluss des Werkes: „Ich Nicklas Glockendon zu Nurenberg hab disses Bhuch illuminirt und vollent im Jar 1524".

Die ersten Seiten nimmt der Kalender mit den Monatsbeschäftigungen ein. Dieselben sind ganz im Stil der niederländischen

---

Baiern II. S. 654. Thode, die Malerschule von Nürnberg, Anhang S. 271. Bradley, Dictionary of Miniaturists (mit Literatur Angabe). Kurze Notizen in den Handbüchern von: Kugler, I, S. 241. Waagen, I, S. 245. Woltmann-W., II, S. 415. Janitschek S. 384.
[1] Neudörfer a. a. O.
[2] Brief abgedr. bei Thausing, Dürers Briefe. Tagebücher und Reime (Quellenschriften für Kunstgesch. III, S. 46, 47). Kunstblatt 1842, Nr. 38.
[3] Merkel, die Miniaturen und Manuscripte der Kön. Bair. Hofbibliothek in Aschaffenburg (mit Abbildg.). Kugler, kl. Schriften I, S. 475 f. Waagen, Kunstwerke und Künstler in Deutschland I, S. 382 f. Kunstblatt, 1840, Nr. 32. Riehl, Gesch. des Sittenbildes, S. 41 f.

Kalenderbilder angeordnet: Die Tage des Monats in der Mitte der Seite, der schmale Rand wird unten durch das Bild ausgefüllt, dem auch noch die Hälfte des seitlichen Randes eingeräumt ist, während ein reiches Ornament oder gewöhnlich naturalistische Blumen den übrigen Teil bedecken. Oben in der Mitte ist das Tierkreiszeichen angebracht. Die Bilder verteilen sich in folgender Weise auf die einzelnen Monate: Januar, ein alter Mann im Pelzrock sitzt am Kamin und unterhält sich mit einem Knaben. Diener und Dienerin decken den Tisch. Eine Frau spielt auf dem Spinett. Februar, Männer tragen Pfähle herbei und befestigen Reben daran. März, ein Hausherr überwacht seine beiden Gärtner bei der Arbeit, die Hausfrau mit ihren beiden Töchtern und dem kleinen Sohn kommen dazu. April, Bauerngehöft, Hirt und Hirtin treiben Schafe und Kühe auf die Weide. Mai, Belustigung im Freien, eine Gesellschaft im Kahn mit Musik, eine andere sitzt auf dem Rasen und frühstückt, Jäger reiten durch den Wald. Juni, Schafschur. Juli, Heuernte, das Heu wird auf Wagen geladen und fortgefahren. August, das Korn wird geschnitten und in Garben gebunden. September, Pflügen und Säen. Oktober, Weinkelter und Schlachten eines Ochsen. November, Zubereitung des Flachses, Fütterung der Schweine und Dreschen des Getreides. Dezember, Winterlandschaft, Schlachten eines Schweines.

Von den 23 ganzseitigen Bildern sind nur wenig eigene Erfindungen Glockendons, die meisten Copien nach Dürer, andere von Cranach, Krug, Schongauer entlehnt, immer mit geringen Veränderungen. So sind z. B. auf der Geburt Jesu nach dem Stich Schongauers (B. 4) die 3 Engel und der Hirt, der sich über die Mauer beugt, Zuthaten des Malers. Der Renaissancerahmen ist mit Benutzung des Burgkmair'schen Holzschnittes „Simson und Delila"[1] gezeichnet. Für die Anbetung der Könige ist der Stich des Lucas Krug (B. 2) das Vorbild gewesen. Es ist bezeichnend für die eklektische Richtung Glockendons, dass er mit der gleichen Leichtigkeit sich den Stil neuerer oder älterer Meister aneignet. Dürer wird, wie gesagt, am öftesten copiert. Die Kreuzigung ist nach Dürers Darstellung in Holzschnitt gebildet, die dieser für Hieronymus Hölzels (später Fr. Peypus) Offizin in Nürnberg 1507

---

[1] Abgebildet in v. Lützow's Kupferstich und Holzschnitt, S. 136.

zeichnete, und die im Eichstätter Missale von Hölzel zuerst angewandt wurde.[1] Der Rand wird bei Dürer von Weinranken gebildet, zwischen denen sich 4 Engel mit den Marterwerkzeugen befinden, während bei Glockendon verschiedene Scenen aus der Leidensgeschichte den Rand einnehmen. Ganz verändert ist die Landschaft.

Es ist nicht notwendig und auch eine wenig dankbare Aufgabe im Einzelnen zu verfolgen, welche Vorbilder Glockendon benutzte, und in welcher Weise er dieselben umgestaltete. Die wenigen eigenen Compositionen beweisen zur Genüge, dass es ihm an Gestaltungskraft fehlte, historisch bedeutende Momente im Bilde festzuhalten.

Mehr Selbständigkeit zeigt sich im Ornament, obschon auch da verschiedene ornamentale Motive unvermittelt neben einander stehen. Stilisierte Ranken mit figürlichen Darstellungen, zum Teil aus dem Tierepos, wechseln mit naturalistischen Blumen und Tieren auf mattem Goldgrund oder mit Renaissanceformen, die sich in den Akanthusblättern der Initialen ebenfalls aussprechen. Die architektonische Umrahmung wird in der willkürlichsten Weise gestaltet, die stark ausgeschwungenen Säulenschäfte wachsen aus Akanthusblättern heraus.

Aus demselben Jahre stammt die Bibel Glockendons[2] der herzoglichen Bibliothek zu Wolfenbüttel (Schönemann 68). Schwerlich konnten zwei so umfangreiche und kostbar ausgestattete Werke wie das Missale und die Bibel im selben Jahre vollendet werden, ohne dass wir an eine Mithülfe denken müssten, die um so leichter angenommen werden kann, als die vielen Mitglieder der Familie sich alle mit Miniaturmalerei beschäftigten.

Auch die Bibel ist mit dem vollen Namen bezeichnet (fol. 2100). „Nicklas · Glockendon · Illuminist · Zu · Nurenberg · 1 · 5 · 2 · 4 ·." dieselbe Bezeichnung findet sich fol. 2257. Die 4 Bilder des ersten Teiles stellen die 4 Evangelisten dar, Matthäus, Marcus und Lucas im Zimmer am Schreibpult sitzend, neben ihnen ihre Symbole, Johannes auf der Insel Patmos, ein Buch auf dem Schoss, in den Wolken erscheint ein roter Drache (bez. N. G.

---

[1] Abbildg. bei Butsch, Buchornamentik der Renaissance, Bd. I, Taf. 33.
[2] Schönemann, 100 Merkwürdigkeiten der Bibliothek zu Wolfenbüttel.

1523). 2 Renaissancesäulen durch einen Bogen verbunden rahmen die Bilder ein.

In gleicher Weise sind die 43 ganzseitigen Bilder des 2. Teiles eingefasst. Dieser beginnt mit der Apostelgeschichte und dem Bilde der Ausgiessung des hl. Geistes. Die Briefe der Apostel sind mit den Bildern derselben geschmückt, die entweder den Boten die Epistel übergeben, oder noch am Schreibpult beschäftigt sind. Die immer wiederkehrende Scene sucht der Künstler durch irgendwelche Züge interessanter zu gestalten; ein Hund bellt den Boten an, oder ein Mann bedeutet ihn, den Apostel im Schreiben nicht zu stören u. s. w. Der Paulus mit dem Brief an die Philipper ist dem hl. Hieronymus im Gehäuse von Dürer (B. 60) nachgebildet.

Dass der Künstler den spröden Stoff der Apokalypse nicht selbständig zu bewältigen vermochte, ist leicht einzusehen. Hier wirken die flaue Farbe an den von Dürer erborgten Gestalten, und die mangelhafte Zeichnung besonders störend.

Im Ornament finden wir dieselbe Abwechselung wie im Missale. Jagdscenen, Bauerntanz und Musikanten, der Tod ein Gastmal störend, 2 Hasen, die einen Jäger an einer Stange tragen, der Fuchs als Beichtvater der Gans, das sind die hauptsächlichen Scenen, die den Rand ausfüllen.

Ein Gebetbuch [1] in Aschaffenburg vom Jahr 1531 für denselben Cardinal Albrecht von Mainz geschrieben, enthält ebenfalls mehrere Miniaturen des Nikolaus Glockendon, die sämmtlich mit dem Monogramm N. G. versehen sind, und zum grossen Teil Vorgänge aus dem Leben der Maria darstellen. Die Geburt Jesu ist nach dem Tafelgemälde Dürers in der alten Pinakothek (Kat. V, Nr. 240) copiert.[2] Die Veränderungen beschränken sich auf Nebendinge, und sind zudem wenig motiviert. Auch hier werden die Vollbilder von 2 Renaissancesäulen eingefasst. Die Mater dolorosa (fol. 24) erscheint in einem perspektivisch gesehenen, architektonischen Rahmen von reicher Gliederung, in dessen räumlich gedachten, Nischen ähnlichen Ausbauten Bilder aus dem Leben der Maria und der Leidensgeschichte gemalt sind.

---

[1] Waagen a. a. O. S. 386.
[2] Das einzige Beispiel für eine Copie nach einem Tafelbild, das uns bekannt geworden ist. Abbildg. X.

Das Gebetbuch Behams vom Jahr 1531 derselben Bibliothek enthält 2 Bilder des N. Glockendon, die Kreuzigung und das Abendmahl, beide mit dem Monogramm bezeichnet. Die Kreuzigung, mit Figuren überfüllt und ohne dramatische Belebung, beweist, wie wenig die Kraft des Malers ausreichte, solche Gegenstände darzustellen.[1]

Nikolaus Glockendon war ein geschickter, aber wenig eigenartiger und handwerksmässiger Arbeiter. Fast immer lehnt er sich an fremde Vorbilder an, vor allem an Dürer, den er manchmal ohne Glück zu verbessern sucht. Im Ornament und in der Anordnung der Bilder erkennt man vielfach niederländische Einflüsse, die in der Miniaturmalerei eine Art Nachblüte zu erleben scheinen, nachdem im 15. Jahrhundert die Tafelmalerei von ihnen berührt worden war.

Albrecht Glockendon war kaum selbständiger als sein Bruder. Auch von ihm besitzen wir eine Reihe von Werken, die mit Miniaturen verziert sind, und die seine eklektische Richtung erkennen lassen. Eine Miniatur mit dem Monogramm A. G. ist in einem deutschen Gebetbuch der Nürnberger Stadtbibliothek erhalten. (Cent. V App. Nr. 76.) Auf dem unteren Rande der letzten Seite steht: Hanns Imhoff ist dihs Buch der es geschrieben hat im 1522 jar. Ob die ganze Ausstattung von Albrecht stammt, erscheint ziemlich fraglich, bezeichnet ist nur das eine Blatt (fol. 175), das einen Ritter mit Crucifix in reicher Landschaft darstellt. Die Anordnung des Bildes auf der Seite mit dem für bildliche Darstellungen oder Ornamente frei gelassenem Rande ist ganz nach niederländischem Muster gehalten. Die Bilder sind dem

---

[1] Einige andere Miniaturen, die uns nicht aus eigener Anschauung bekannt sind, sollen hier der Vollständigkeit wegen aufgezählt werden: Modena, R. Biblioteca Estense. Gebetbuch in deutscher Sprache für Cardinal Albrecht von Mainz mit Malereien des Nikolaus Glockendon, die Bilder bezeichnet N. G. Randleisten im niederländischen Stil. Aschaffenburg, Missale in der Stiftskirche mit einem ganzseitigen Bild, die hl. Dreifaltigkeit (Kunstblatt 1846, Nr. 32). Ebenda Passionale, 4 ganzseitige Bilder Judas Verrat, Ecce homo, Kreuzigung, Christus in der Vorhölle (Kunstblatt 1846, Nr. 32) von einem Schüler des Glockendon nach Cranach. Eichstädt, Pontifikale mit einem Bild des Glockendon bezeichnet mit dem Monogramm, (Sighard, Gesch. der bild. Künste in Baiern. S. 655). Cassel, Ständische Landesbibliothek, Verkündigung an die Hirten, Sebastianus Martyr, St. Georg, St. Margaretha, St. Apollonia, St. Elisabeth, (Kugler, kl. Schriften, I, S. 56).

alten und neuen Testament entnommen, diejenigen im Randornament zum Teil dem Tierepos, daneben finden sich die naturalistischen Blumen und Tiere auf mattem Goldgrund.

Mit dem vollen Namen bezeichnet ist ein Kalender der Berliner Bibliothek (cod. germ. in 8°, Nr. 9),[1] in dem sich die Jahreszahlen 1526 und 1527 finden (fol. 14). Den oberen Teil der Seiten nimmt das Bild der Monatsbeschäftigungen ein, nach unten von einem schmalen Streifen abgeschlossen, der das Monatszeichen zwischen Ornamenten oder figürlichen Darstellungen enthält. Dann folgt jedesmal ein kurzer Vers, der Ratschläge für den betreffenden Monat gibt und darunter die Tage des Kalenders. Die Beschäftigungen, in Stichworten angegeben, sind kurz folgende:

Januar, Innenraum, Mann und Frau an gedeckter Tafel, Dienerin trägt Speisen auf, Guitarre und Zinnkrug auf einer Bank. Februar, 3 Männer sind damit beschäftigt Stöcke für die Weinreben zurecht zu schneiden und in die Erde zu stecken. März, pflügender und säender Bauer. April, Bauernhof, eine Bäuerin melkt eine Kuh, rechts eine Schafheerde. Im Hintergrund eine butternde Frau in der Thürumrahmung sichtbar. Mai, Flusslandschaft und Stadt, eine Gesellschaft mit 2 Musikern in einem Boote fahrend. Juni, Gehöft, Schafschur. Juli, Heuernte. August, Kornfeld, Bäuerin mit Sichel, Landleute beim Frühstück. September, frisch gepflügtes Feld, Bauer säend und Bäume behauend. Oktober, Weinkelter und Füllen der Fässer. November, Zubereitung des Flachses, Hintergrund 2 dreschende Bauern. Dezember, Gehöft. Schwein wird geschlachtet.

Wir sehen hier die übliche Form aus den Bildern der Monatsbeschäftigungen kleine Genrescenen zu machen, wie sie namentlich in flandrischen Gebetbüchern gebräuchlich war.

Ein reicheres Denkmal seiner Kunst ist das Gebetbuch für Herzog Wilhelm IV., das Albrecht Glockendon im Jahre 1535 vollendete, wie er selbst angibt, „Volenndt und Illuminirt Ann unnser Frauentag Liechtmes Im Jar 1535 Durch albrecht Glockendann zu Nurnembergk. Gott Sey Lob unnd Eer in Ewigkait Amen."[2]

---

[1] Wilken, Geschichte der königl. Bibliothek Berlin. Kunstblatt 1846 Nr. 32.
[2] Beschrieben von Waagen, die vornehmsten Kunstdenkmäler in Wien, II, S. 21.

Das Gebetbuch befindet sich auf der Wiener Hofbibliothek (Nr. 1880 Denis II Nr. 917). Auf der Rückseite des ersten Blattes ist das bairische und badische Wappen gemalt. Es folgt der Kalender mit den Monatsbeschäftigungen. Das Bild nimmt den unteren Teil der Seite ein, am Rand ist ein Ornamentstreifen mit verschiedenen Decorationsmotiven angebracht, in der Mitte desselben steht in einem runden Medaillon das Tierkreiszeichen. Die Bilder für die einzelnen Monate sind folgende: Januar, 2 Männer und eine Frau sitzen an einer Tafel, ein Diener trägt Speisen auf, links sitzen 3 Kinder und deren Erzieher an einem Tisch. Februar, Landschaft mit Stadt und Wallgraben, 3 Männer schlagen Stöcke in die Erde, um Reben daran zu befestigen. März, ein Bauer beschneidet einen Baum, ein anderer säet. April, 2 Bauersfrauen, die eine melkt eine Kuh, die andere steht hinter einem Butterfass. Ein Bauer befestigt die Beine eines Schemels. Eine Schafheerde kommt aus dem Stall. Mai, verschiedene Paare spazieren gehend und auf der Wiese sitzend, andere fahren in einem Boot, Musikanten spielen auf. Juni, Bauer und Bäuerin bei der Schafschur. Juli, ein Bauer dengelt die Sense, ein zweiter mäht Gras, das eine Bäuerin zusammenrecht. August, Bauer und Bäuerin bei der Mahlzeit, links steht hohes Korn, das eine Bäuerin mit der Sichel schneidet. September, ein Bauer, der hinter dem Pflug geht, ein anderer säend. Oktober, Weinkelter. Reben werden in einer Bütte herbeigetragen und der Wein in die Fässer gegossen. November, 2 Bäuerinnen mit der Flachszubereitung beschäftigt, eine vornehm gekleidete Frau und ein Mädchen sehen ihnen zu, neben ihnen steht ein Bauer, die Mütze in der Hand. Im Hintergrund sieht man 2 dreschende Bauern. Dezember, Schweineschlachten, ein Kessel hängt über dem brennenden Feuer, ein Bauer schleppt Strohbündel herbei. Im Hintergrund eine leicht beschneite Landschaft. Dieselben Scenen, denen wir im Berliner Kalender begegneten, kehren im Wiener Gebetbuch wieder, hier nur zum Teil etwas reicher ausgebildet.

Die ganzseitigen Bilder werden von stark profilierten Renaissancesäulen eingerahmt, oder auf den Text bezügliche Scenen nehmen den Rand ein. Die Darstellungen sind dem alten Testament, dem Leben Mariä und Jesu sowie der Legende entnommen. Die Abhängigkeit von fremden Vorbildern tritt weit mehr zurück als das bei Nikolaus Glockendon der Fall war. Die Geburt Jesu und Anbetung der Hirten (fol. 41) ist eine Copie nach dem Stich Schongauers (B. 4), den wir schon in dem Aschaffenburger Missale des Nikolaus Glockendon benutzt fanden,[1] doch steht die Wiener Miniatur dem Original näher. Die Flucht nach Aegypten (fol. 54) ist dem Holzschnitt Dürers nachgebildet. In der Madonna mit dem Kind (fol. 170) erkennen wir den Kupferstich Dürers (B. 30) vom Jahr 1508 wieder. Die musicierenden Engel hat der Maler dazu componiert. Der Priester mit dem Viaticum von einem Gerippe mit Laterne geleitet geht auf Holbeins Totentanzbild zurück.[2]

Ist unser Meister nun auch selbständiger in seinen Compositionen als sein Bruder, so teilt er doch mit diesem die Unfähigkeit im Bilde einen eigenen charakteristischen Ausdruck für eine Situation zu finden.

Auf die Landschaft hat der Künstler ziemliche Sorgfalt verwendet, doch leidet sie unter der bunten Färbung, die durch Goldlichter noch verstärkt wird. Einmal benutzt er ein Motiv, das ihm die Apokalypse Dürers bot (B. 63), ein Haus mit Thurm auf einer Insel. Gotische Reminiscenzen kommen in der Architektur nur noch vereinzelt vor.

Sehr mannigfaltig ist das Ornament ausgebildet. Am häufigsten ist die stilisierte Ranke mit mehr oder weniger streng behandelten Blumen. Daneben finden wir naturalistische Streublumen und ebensolche Blumen auf rautenförmig geteiltem, verschiedenfarbigem Grunde, letztere nach französischem Muster gebildet. Unter den Renaissancemotiven kommen neben der obenerwähnten Säule noch Putto und Groteske, Vase und Fruchtschale, Füllhorn, Guirlande, Delphin vor. Tierepos, Mythus und Genre werden für die figürlichen Darstellungen im Randornament benutzt. Manche davon sind uns schon bekannt, es sind die beliebten Jagdscenen, die Hasen, einen Jäger am Spiesse bratend, das Einhorn, das von Hunden verfolgt sich in den Schoss einer Jungfrau flüchtet. Wilde

---

[1] Waagen a. a. O. gibt irrtümlicher Weise ein Tafelgemälde Dürers in der a. Pinakothek als Vorbild an.
[2] Abbildg. im culturgeschichtlichen Bilderbuch II. Bd. 671. Der Totentanz erschien zwar erst 1538 in Lyon von den Brüdern Trechsel herausgegeben, seine Entstehung fällt indessen schon in die 20er Jahre.

Männer und Frauen im Kampfe mit Bären und Löwen, musicierende und spielende Putten. In das Gebiet der antiken Sage führt uns das Bild (fol. 65) der 3 Göttinnen und des Hermes, die dem schlafenden Paris erscheinen, sowie die von Apollo verfolgte Daphne (fol. 180).

Die Initialen, gold- oder buntfarbig, stehen gewöhnlich auf einem eckigen meist fein gemusterten Grunde. Bisweilen finden sich naturalistische Blumen innerhalb derselben, oder eine sorgfältig gemalte kleine Landschaft nimmt den Rahmen ein, so dass der decorative Charakter der Raumfüllung ganz aufgegeben wird, und ein selbständiges Bild an die Stelle tritt.

Wie weit der Anteil Albrecht Glockendons an einem Missale der Nürnberger Stadtbibliothek (Hertel Ms. 9) geht, vermögen wir nicht zu entscheiden. Neben seinem Monogramm, mit dem mehrere Bilder bezeichnet sind, erscheint ein zweites, in dem ein G vorkommt, so dass man wohl an ein anderes Mitglied der Familie Glockendon denken darf. Jedenfalls arbeiten beide Künstler im selben Stil, und ein tieferes Eingehen auf die Frage wer von beiden an diesem oder jenem Bilde gemalt habe, erscheint ziemlich überflüssig. Das Monogramm A G mit der Jahreszahl 1542 findet sich zweimal (fol. 81 und fol. 165).

Die Vollbilder werden wie gewöhnlich von einem architektonischen Rahmen eingefasst, an dem auch gotische Formen noch vorkommen. Anklänge an Dürer finden sich auch hier, so bei der Geburt Jesu (fol. 1), die frei nach Dürers Holzschnitt aus dem Marienleben (B. 85) gebildet ist, und bei der Anbetung der Könige (fol. 57), die nach einem Blatt derselben Folge copiert ist (B. 87). Die Figuren selbst sind wie immer der schwächste Teil, die Modellierung oberflächlich, die Typen charakterlos in Ausdruck und Bewegung. Dagegen zeigt die Landschaft eine feine Detailbeobachtung, die hier noch mehr, als in den früheren Werken zur Geltung kommt. Wie die Haupthandlung im Bilde von einer Fülle verschiedenartiger oft nebensächlicher Scenen begleitet wird, so ist auch die Landschaft ungemein reich ausgebildet, und bietet auf engem Raum eine Menge malerischer Motive. Wie sehr die Wiedergabe der Natur den Künstler reizte, beweisen die kleinen Landschaften am Rande einiger Blätter, die ohne Motivierung durch figürliche Darstellungen ganz selbständig vorkommen. Es ist kein Zweifel, dass sich diese Art den Rand mit Landschaften mit oder ohne Staffage zu verzieren aus der Kalender-Illustration entwickelt hat, in der der Boden für Darstellungen genrehafter Scenen schon vorbereitet war. Bei dem Bauerntanz (fol. 24) und mehr noch bei der Kahnfahrt (fol. 124) ist der Zusammenhang mit den Monatsbildern unverkennbar. Was der Künstler aus den flandrischen Miniaturen gelernt hatte, das gestaltet er hier eigenartig weiter aus.

Im Ornament treten uns wieder die 3 Typen entgegen, die für die erste Hälfte des 16. Jahrhunderts charakteristisch bleiben: Die stilisierte, rythmisch bewegte Ranke, die Streublumen und naturalistischen Tiere auf mattem, goldgelbem Grunde und das Renaissanceornament als Hoch- oder Querfüllung, oder als architektonischer Rahmen. Die figürlichen Darstellungen innerhalb der Randverzierungen umfassen die heilige Geschichte, das Tierepos, die Mythe, und Genrescenen. Aus der Mythe ist das Paris-Urteil gewählt, ein auch im Tafelbild beliebter Stoff. Die kämpfenden nackten Reiter mit Frauen zeigen vielleicht einen durch Dürer vermittelten leisen Anklang an Mantegna.[1] Venus und Amor, Triton und Nereide deuten in gleicher Weise auf die Vorliebe für die antike Sage hin, der auch für kirchliche Zwecke bestimmte Handschriften nicht verschlossen blieben. Aus der Tiersage finden sich mehrere Darstellungen: Wie der Fuchs 3 Schafe über den Fluss rudert (fol. 55), wie er der Gans folgt, die mit dem Rosenkranz im Schnabel zur Kirche geht (fol. 70), wie er von 2 Gänsen gehenkt wird (fol. 277).

Wir können nicht näher auf die Fülle der verschiedenen Scenen eingehen, die der Maler bald älteren Vorbildern entlehnt, bald frei schafft. Die gegebenen Andeutungen genügen auch, um zu erkennen, in welcher Weise die Miniaturmaler ihre mangelnde Erfindungsgabe in der Darstellung biblischer Vorgänge durch ihre nie ermüdende Phantasie in der Durchbildung des Randornamentes ausgleichen.

Mit den genannten Miniaturen ist das Werk des Albrecht

---

[1] Dürer's Handzeichnungen nach Stichen des Mantegna, Kampf der Seegottheiten und Bacchanal, in der Albertina.

Glockendon noch nicht erschöpft, wir müssen ihm vielmehr die Malereien in einer Handschrift der Münchener Staatsbibliothek (Cod. lat. 10013 c. p. 121) zuschreiben, die zeitlich den eben behandelten zwar vorausgeht — die Handschrift ist 1521 datirt — aber deren Zuteilung wir erst auf Grund der späteren Miniaturen wagen dürfen.

Der kleine Pergamentcodex (0,14 : 0,10 m.) stammt aus der biblioteca Palatina Mannheimensi und enthält die 7 Busspsalmen.[1] Die Malereien behandeln Vorgänge aus dem Leben Davids. Das erste Bild stellt Bathseba im Bade vor, umgeben von ihren Dienerinnen und von König David belauscht.[2] Es folgt der 6. Psalm. Das 2. Bild: Ein Bote des Königs führt Bathseba in den Palast. Hintergrund: David und Bathseba im Schlafgemach, (Psalm 31).[3] Drittes Bild: David spricht mit Uria, hinter dem Bathseba steht, (Psalm 37). 4. Bild: David übergibt dem Uria den Brief an Joab. Hintergrund: Ausblick auf Reiterschlacht. (Psalm 50). 5. Bild: David empfängt die Nachricht vom Tode des Uria, (Psalm 101). 6. Bild: David sitzt am Tisch, auf dem Krone und Harfe liegen. In der Thürumrahmung Bathseba vor dem am Boden liegenden kranken Kinde stehend,[4] (Psalm 129). 7. Bild: Tod Davids, (Psalm 142). Letztes Bild: Prozession aus einer Kirche kommend, voran schreiten 2 Männer mit Fahnen, es folgen Chorknaben und Geistliche, von denen einer ein Cruzifix trägt.

Die Bilder werden von einem architektonischen Rahmen eingefasst mit Ausnahme von fol. 14. Renaissanceformen kommen bei der Architektur und in der Ausstattung der Innenräume vor. Das Costüm ist die Tracht des 16. Jahrhunderts. Das Colorit ist hell und leuchtend, durch Goldlichter noch in seiner Wirkung verstärkt. Das Ornament besteht in stilisierten Ranken und Blü-

---

[1] Auf fol. 2 die Bemerkung: Anno domini MDXXI . . . natus est dux Richardus tertio genitus Johannis Junioris palatini comitis, Bavariae ducis . . . ac illustris Beatricis ex marchionibus Badensibus. Insignium ecclesiarum Argentinensis et Coloniensis canonicus.

[2] Die gleiche Darstellung mit geringen Veränderungen findet sich auf einem anonymen Holzschnitt (im Gegensinn). Abgebildet in verkleinertem Massstabe im Culturgeschichtl. Bilderbuch, II. Bd. S. 545 Nr. 837.

[3] Der Vulgata. Psalm 32 in Luthers Bibelübersetzung. Die folgenden Psalmen ebenfalls nach der Vulgata beziffert.

[4] Abbildg. XI.

ten mit den rundlich ausgebogenen, fleischigen Blättern, wie sie in den späteren Werken Albrecht Glockendons vorkommen. Naturalistische Blumen kommen nur einmal vor (fol. 14).

Eine auffallende Uebereinstimmung zeigt sich zwischen den Darstellungen unserer Handschrift und dem Gebetbuch Wilhelm's IV. in Wien. Die Bilder zu den Psalmen 37, 50, 101, 129 und 142 decken sich inhaltlich ganz genau, aber auch formal ist die Verwandtschaft unleugbar. Das Zimmer, in dem König David sitzt (fol. 13 der Münchener Handschrift), kehrt fast genau so im Wiener Gebetbuch wieder. Auch im Colorit — die rosafarbige Architektur mit den bläulich violetten Schatten, das lebhafte Grün der Bäume — finden wir die gleiche Behandlung. Genug, die Aehnlichkeit in der Technik und in den Darstellungen selbst ist so gross, dass wir wohl berechtigt sind, in dem Münchener Psalmenbuch ein frühes Werk des Albrecht Glockendon zu vermuten.[1]

Nur vermutungsweise dürfen wir die Malereien einer Wiener Handschrift (Nr. 1847) einem Glockendon, und zwar Georg d. j. (1492—1553) zuschreiben, da sich ein aus 2 G gebildetes Monogramm auf fol. 60 findet.[2] „Von dem gantzen Leben des Mitlers Gottes und der Menschen Jesu Christi" lautet die Ueberschrift. Eine Bemerkung am Schluss besagt, dass die Handschrift 1537 in der bischöflichen Stadt Hall für den Cardinal Erzbischof Albrecht von Mainz geschrieben wurde.

Die Hauptbilder, die zumeist der Leidensgeschichte Jesu entnommen sind, werden von Bildern aus dem alten Testament umgeben, die den von jenen freigelassenen schmalen Rand der Seiten einnehmen. Anklänge an Dürer finden sich mehrfach, so in der Darstellung des Abendmahles (fol. 25), dann auch in der phantastischen Säule des Randornamentes (fol. 36), die der Zeichnung Dürers für das Gebetbuch Kaiser Maximilians entnommen ist. Vorzüglich beobachtet ist auch in diesem Werke die Landschaft, so die Spiegelung im Wasser bei der Taufe Christi (fol. 17) oder die düstere Stimmung auf fol. 28, Christus am Oelberg.

[1] Vielleicht ein Werk dieser Schule sind die Briefe der Apostel (Cgm. 81 c. pict. 104) vom Jahr 1541 aus dem Besitz des Pfalzgrafen Ottheinrich, mit sorgfältig gemalten Initialen und Randverzierungen.
[2] Waagen, die vornehmsten Kunstdenkmäler in Wien, II, S. 23.

Mit grosser Feinheit ist der Hintergrund und die Luftperspective auf dem Bilde, das den bethlehemitischen Kindermord darstellt, behandelt. Eine stimmungsvolle Waldlandschaft mit einem Ententeich finden wir auf einem anderen Bilde (fol. 74, die 7 Leiden Mariä). In den architektonischen Formen finden sich noch zahlreiche gotische Reminiscenzen. Naturalistische Blumen auf mattem Goldgrund werden öfters angebracht. Die Färbung ist dunkler als bei Albrecht Glockendon, zuweilen etwas trübe.

Eine eigentliche Schule scheinen die Brüder Glockendon nicht herangebildet zu haben. Wahrscheinlich vermochte die zahlreiche Familie die Nachfrage nach gemalten Büchern selbst zu befriedigen, ohne fremde Hilfe in Anspruch nehmen zu müssen. Eine weiter gehende Bedeutung kann man ihren Darstellungen aus der hl. Geschichte nicht beimessen. Es sind meist unselbständige Compositionen, zum grossen Teil von Dürer entlehnt, für uns ein neuer Beweis, wie tiefgreifend der Einfluss dieses Mannes war, dessen Bilder ja selbst in der Skulptur nachgeahmt wurden.

Auf einem anderen Gebiete aber haben die Miniaturen der Glockendon doch auch einen gewissen Wert für die allgemeine Kunstentwicklung. Sie gingen auf dem Wege weiter, den Dürer in der Landschaftsmalerei betreten hatte.[1] Es sind allerdings noch componierte Ideallandschaften, im Einzelnen aber sorgfältig nach der Natur studiert; phantastisch, doch nie ohne den Schein der Möglichkeit. In der Miniatur hatte sich der rein landschaftliche Hintergrund zuerst hervorgewagt, anfangs nur im Zusammenhang mit figürlichen Darstellungen. Jetzt ging man weiter, indem man die Landschaft selbst auch ohne Staffage der künstlerischen Behandlung für wert hielt. Freilich war der Raum, den man ihr in den Missalien und Gebetbüchern gewährte, eng genug, und es dauerte immerhin noch lange, bis die reine Landschaftsmalerei zu voller Anerkennung im Tafelbild gelangte.

Auf die zahlreichen Genrescenen, die sich innerhalb der Ranken finden, haben wir an verschiedenen Stellen hingewiesen. Oft haftet ihnen etwas Stereotypes, Schablonenmässiges an. Viele

---

[1] Ueber Dürers Stellung in der Landschaftsmalerei vgl. Kämmerer, die Landschaft in der deutschen Kunst. Beiträge zur Kunstgeschichte. Neue Folge IV.

werden wie ein beliebiges Ornament immer wiederholt; man mochte sie, die schon so lange die stilisierten Ranken belebt hatten, wohl nur ungern vermissen. Einige dieser Scenen, wie die Jagd nach dem Einhorn, das sich in den Schoss der reinen Jungfrau flüchtet, hatten auch eine tiefere, symbolische Bedeutung, die ihr häufiges Vorkommen erklärt. Zu dem Alten kommt aber manches Neue hinzu. Gewöhnlich liefert das bäuerliche Leben den Stoff für die zahlreichen Darstellungen im Randornament, wie es ja auch im Stich und in Zieralphabeten einer grossen Beliebtheit sich erfreute.

Landschaft und Genre also, die ihren Ursprung in der Miniaturmalerei hatten, entwickeln sich in ihr weiter, und treten, wenn auch nicht als Gleichberechtigte, so doch selbständig neben das Historienbild. Hierin beruht wohl das Hauptverdienst der Kunst, die ihre Bedeutung als eins der wichtigsten Ausdrucksmittel für künstlerische Ideen schon längst eingebüsst hatte.

Noch mancher Name Nürnberger Illuministen ist uns überliefert, ohne dass wir bestimmte Werke mit ihnen verbinden könnten. Ihre blosse Aufzählung würde das Bild der Nürnberger Miniaturmalerei nicht deutlicher machen.[1] Es genügt uns, noch auf einige Werke hinzuweisen, deren Maler uns bekannt sind, die sich aber nicht in Gruppen zusammenfassen lassen, und bei denen der Zusammenhang mit der Miniaturmalerei überhaupt nur ein sehr lockerer ist.

Für den als Kunstförderer hochverdienten, von uns mehrfach erwähnten Erzbischof Albrecht von Mainz wurde ein Gebetbuch mit Malereien von Hans Sebald Beham geschmückt, das sich in der Bibliothek zu Aschaffenburg befindet.[2] Eine Notiz auf der ersten Seite gibt an, dass das Werk 1531 vollendet wurde. Die Bilder stellen dar: Beichte, Busse, Gebet, Hingang zum Altar und

---

[1] Verschiedene Namen findet man bei Baader, Beiträge zur Kunstgeschichte Nürnbergs, und Thode, die Malerschule von Nürnberg, Anhang V.
[2] Merkel a. a. O. m. Abbildg. Waagen a. a. O. Kunstblatt 1846, Nr. 32. W. v. Seydlitz in Meyers Künstlerlexikon, III. Janitschek, Geschichte der Malerei, S. 344, m. Abbildg. Allgem. d. Biographie, II. (W. Schmid.)

Abendmahl. Sie werden von einem architektonischen Rahmen eingefasst, 2 stark ausgeschweifte Säulen stehen rechts und links, dahinter ein Rundbogen auf 2 Pfeilern ruhend, in den Zwickeln Medaillonköpfe. Sämmtliche Blätter sind mit dem Monogramm ISB bezeichnet.

Der Gegenstand bot dem Künstler wenig charakteristische Momente, so ist auch der Ausdruck gleichmässiger Ruhe allen Bildern gemeinsam. Auf die einfache Deutlichkeit der Composition hat schon Waagen hingewiesen. Die Farben sind dünn und sorgfältig aufgetragen.

3 andere Blätter[1] aus einem Gebetbuch für denselben Erzbischof Albrecht herausgeschnitten, in der Ständischen Landesbibliothek zu Cassel, sind ebenfalls mit dem Monogramm bezeichnet, und stellen die drei Apostel Petrus, Paulus und Andreas dar. Die architektonische Umrahmung ist der im Aschaffenburger Gebetbuch fast gleich. Die Charakteristik ist auch hier ziemlich oberflächlich.

Von Baader (Beiträge I. Bd., S. 39) wird ein Illuminist Paulus Lautensack[2] (1478—1558) erwähnt, der wohl identisch ist mit dem Künstler desselben Namens, der sich in einer Handschrift (Cod. germ. 519) der Berliner Bibliothek als Maler nennt: „Paulus Laudensack der eltere Ein Maler undt Mittburge zu Nürmberg". (fol. 64). Die Handschrift enthält: Abbildung, Beschreibung und Auslegung von 2 Himmelserscheinungen, die am 22. Februar 1534 zu Eschenpach und anderen Orten geschehen sind, auf die Bibel und besonders Offenbarung Johannis gegründet. Die flüchtigen, colorierten Federzeichnungen, die weiter keinen künstlerischen Wert besitzen, sollen nur deshalb hier erwähnt werden, weil sie den Zusammenhang mit der Apokalypse Dürers erkennen lassen, ohne aber Copien von dieser zu sein.

Der selbständigste aus dem Kreise der Nürnberger Miniaturmaler war unzweifelhaft Hans Leonhard Schäufelein.[3] Schäufelein ist ja nicht Miniaturmaler im eigentlichen Sinne gewesen, und sein

---

[1] Kugler, kl. Schriften, I, S. 55, 56.
[2] Sighart, Gesch. der bildenden Künste, II, S. 633.
[3] Janitschek, Gesch. d. Malerei, S. 374. Ulrich Thieme, Hans Leonhard Schäufeleins malerische Thätigkeit. Inaug. Dissert. Leipzig 1892.

Gebetbuch für den Grafen Karl Wolfgang von Oettingen, denn um dieses handelt es sich für uns, trägt mehr den Charakter leicht hingeworfener Skizzen, als sorgfältig ausgeführter Miniaturen. Aber gerade die Frische der Arbeit und die reiche Phantasie des Künstlers, die sich in diesen Blättern ausspricht, verleihen ihnen einen besonderen Reiz.

Das Gebetbuch befindet sich jetzt im Berliner Kupferstichkabinet (Hs. Nr. 6). Die Zeit der Entstehung wird durch die Jahreszahlen bestimmt, die sich auf fol. 1 und 177 finden. Die erste Seite ist mit dem fürstlich Oettingenschen Wappen verziert, das von einem reichen Renaissancerahmen umgeben wird, auf dessen Querbalken das Jahr 1537 steht. Fol. 177 trägt die Jahreszahl 1538 und das Zeichen des Malers, die liegende Schaufel. Sein Monogramm findet sich ausserdem auf fol. 36.

Am wenigsten befriedigen die Vollbilder, die durchweg etwas oberflächlich behandelt sind in einer getüpfelten Manier, bei sparsamer Verwendung von Goldlichtern. Sie werden von Renaissancerahmen eingefasst, darin folgt der Maler dem herrschenden Modegeschmack. Den Besitzer selbst des Gebetbuches, den Grafen von Oettingen, sehen wir auf fol. 7, sein Wappen hängt an den Zweigen eines Baumes. Flott ist die kleine Landschaft, eine Burg am Ufer eines Flusses gezeichnet. Die übrigen ganzseitigen Bilder enthalten zum Teil Scenen aus der Leidensgeschichte und verschiedene Wunder Christi.

Im Ornament hat der Künstler seiner Phantasie freien Lauf gelassen. Allerdings vermissen wir auch hier den einheitlichen Charakter. Die Pflanze wird niemals naturalistisch in der niederländischen Weise, sondern immer stilisiert gebildet. Als Teil des Rahmens, der den Text umgibt, wächst sie symmetrisch streng aus einer Vase oder Schale in die Höhe. Häufig werden Blätter und Blüten zu einer Guirlande vereinigt, die dann gewöhnlich den oberen Rand der Seite abschliesst. Unter den decorativen Motiven findet man des Medaillon mit einem Profilkopf von einem Kranz umgeben, auch innerhalb des architektonischen Rahmens, bunt gemalt oder in grauer Steinfarbe.

Die hängende Schnur kommt in verschiedenen Formen vor als Kette oder Guirlande, unten in eine Quaste auslaufend, zuweilen ist eine Tafel angebracht.

Ein beliebtes Zierglied ist der Candelaber, der sich als Hochfüllung im Rahmen sehr gut verwerten lässt. In Anlehnung an die Candelaberform wird ein symmetrischer Aufbau häufig angewandt, der sich aus Schalen, Masken, Grotesken, Delphinen, Akanthus u. s. w. zusammensetzt, ähnlich einer Säule gebildet. Die Säule und der Pfeiler gehören ebenfalls zu den gebräuchlichsten Bestandteilen der Decoration. Gewöhnlich sind die Säulen stark ausgeschweift, manchmal mehrere über einander gestellt. Auch als Postament dienen sie für Schalen, Candelaber, als Basen für Putten, oder als Träger für Trophäen.

Die Groteske nimmt alle erdenklichen Formen an, als Mensch in Verbindung mit stilisiertem Fischleib, oder mit Flügeln an Stelle der Arme, in Ornament auslaufend, als geflügeltes Pferd, oder als Einhorn mit Fischschwanz und ähnliche Zusammensetzungen. Nicht selten ist die symmetrische Anordnung von 2 Grotesken rechts und links einer Schale, eines Medaillons oder einer dritten Groteske.

Der Putto erscheint bald rein ornamental als tragende Figur, oder als Halter der Guirlanden, als Fackelträger, spielend und musicierend, auch kämpfend, oder bei der harmloseren Beschäftigung Aepfel in Körbe zu pflücken.

Unter den figürlichen Darstellungen kommen ausser den schon erwähnten Vollbildern zahlreiche aus dem alten Testament vor. Die Geschichte Noah's, der Turmbau zu Babel, Scenen aus dem Leben Moses', Josephs, des Königs David, daneben auch Episoden aus den Gleichnissen Jesu werden erzählt.

Antike Vorstellungen wechseln mit den Bildern aus der heiligen Geschichte ab. Der ganze Olymp versammelt sich zu einer bunten Gesellschaft innerhalb des Randornamentes: Frau Venus in einem von 2 Delphinen gezogenen Kahn und Amor mit dem Pfeil, ihr Begleiter; die Gottheiten des Meeres, Neptun mit dem Dreizack, Tritonen und Nereiden, Sirenen, der Bacchusknabe. Dann die Gottheiten der Sternbilder: Mars als Krieger auf einem von 2 Wölfen gezogenen Wagen, der Sonnengott, Merkur, Juno auf dem Pfauenwagen u. a.

Nicht minder häufig sind Genrescenen. Das Jagdleben wird in mehreren Bildern geschildert: Dazu kommen noch andere Darstellungen aus den verschiedensten Gebieten: Bären, die Bienenkörbe plündern, ein Bärenführer, ein Müller, der seinen Esel antreibt, die Hexenküche, der Kampf zwischen dem Ritter zu Pferd und dem Tod, der Mönch neben dem Weinfass und der Teufel, die Belagerung einer Burg, der Bau einer Stadtmauer. Auch das Tierepos und die Landschaft werden innerhalb des Ornaments verwertet.

Die Malereien Schäufeleins lassen sich ebenso wenig, wie etwa die Zeichnungen Dürers zum Gebetbuche Maximilians in eine grössere Kategorie der Miniaturmalerei unterordnen. Wie jene tragen sie den Stempel eines ganz persönlichen Stiles an sich, stark abweichend von der üblichen Verzierungsweise, und ihr Einfluss konnte schon darum kein sehr weitgehender sein, weil das Gebetbuch für den Privatgebrauch eines Fürsten bestimmt war.

IV.
Die Miniaturmalerei der Hochrenaissance. — Hans Müelich.

Im Verlauf des 16. Jahrhunderts hört die Miniaturmalerei allmählich auf, einen selbständigen Kunstzweig zu bilden; man bediente sich ihrer noch ausnahmsweise in besonders kostbaren Werken.

In Nürnberg, wo während der Frührenaissance die Buchmalerei noch eifrig betrieben wurde, beschränkte sich die Thätigkeit, wie wir gesehen haben, auf einige wenige Meister, die ohne engeren Zusammenhang unter einander — man könnte vielleicht nur die Glockendon ausnehmen — oft keine näheren Berührungspunkte hatten, als dass sie von denselben Vorbildern abhängig waren. Ihre gesonderte Stellung zwang uns zur Darstellung einzelner Persönlichkeiten und Werke, das Bild einer fortlaufenden Entwicklung ergab sich uns nicht. Es kann von einer eigentlichen Miniatorenschule in Nürnberg kaum noch die Rede sein hierfür fehlten die Voraussetzungen, unter denen eine solche sich hätte bilden können; es fehlte vor allem die Eigenart im Stil. Die auf Nachahmung fremder Werke gegründete Kunst konnte nicht den Ausgangspunkt für eine weitere Entwicklung bilden.

Auch äussere Gründe kamen hinzu, um diese unmöglich zu machen: Die Buchillustration ging mehr und mehr in die Hände der Formschneider und Kupferstecher über, und das Bedürfnis nach gemalten Bildern und Randverzierungen innerhalb der Bücher wurde zurückgedrängt. Je volkstümlicher aber die vervielfältigenden Künste wurden, desto deutlicher trat die Sonderstellung, die die Miniaturmalerei ihnen gegenüber behauptete, hervor: Sie wurde höfisch exclusiv. Hierin folgte sie einer allgemeineren Strömung, die dadurch charakterisiert wird, dass die Kunst mehr zum Vorrecht der obersten Klassen wird, und von ihnen die Richtung ihrer Wege annimmt. Die Person des Fürsten wird mehr als früher der tonangebende Faktor in Dingen des Geschmackes. Wo aber der Wille eines Einzelnen ausschlaggebend ist, da finden fremde Elemente leichter Eingang, als wenn die breiteren Schichten der Bevölkerung von ihnen gewonnen werden müssen. Ohne diese Voraussetzung hätte die italienisierende Manier schwerlich die Verbreitung finden können, die ihr thatsächlich zu Teil wurde. Es soll damit nicht behauptet werden, dass der veränderte Kunstcharakter der Hochrenaissance allein durch die wachsende Machtstellung der Fürsten hervorgerufen worden sei, aber er wurde mit durch sie bedingt.

Der Münchener Hof Albrechts V. spielt hier eine sehr bedeutende Rolle. München hatte im Vergleich zu Augsburg und Nürnberg während der Frührenaissance wenig für die Kunst geleistet. Die politischen und finanziellen Verhältnisse unter Albrecht IV. und Wilhelm IV. mögen mit Schuld daran gewesen sein, dass man für die Pflege der Kunst nicht viel Zeit fand. Die Epoche bis etwa zum Regierungsantritt Albrechts V. ist jedenfalls für die Miniaturmalerei ziemlich unfruchtbar geblieben, und wenn man ihrer bedurfte, da nahm man wohl auch fremde Kräfte in Anspruch,[1] so dass den Malern wenig Gelegenheit geboten wurde, ihre Kunst auszuüben.

Ein bescheidenes Denkmal aus der Zeit Wilhelms IV. ist uns in den Darstellungen der Turniere, an denen jener Fürst

---

[1] Im Besitz des Nat. Museums zu München befindet sich ein Gebetbuch der Herzogin Jakobäa, Gemahlin Wilhelms IV. † 1580, mit zahlreichen Malereien der französisch-flandrischen Schule.

teilgenommen hatte, erhalten, doch beanspruchen sie mehr einen kulturgeschichtlichen als einen hohen künstlerischen Wert. „Die Bilder sämmtlicher Gestäch, Rennen und Ritterspil, so Herzog Wilhelm in seinem Leben ritterlich verpracht und gethan hat" wurden von Hans Orstendorfer gemalt,[1] (Cgm. 2800). Ein Entwurf dazu findet sich in einem anderen Bande (Cgm. 1929) mit sehr flüchtig behandelten Malereien auf Papier, während der erst genannte Codex, sorgfältig auf Pergament gemalt, um einige Scenen vermehrt ist, und auch sonst kleine Abweichungen zeigt.[2] Die Bilder zu den verschiedenen Turnieren sind in der Weise verteilt, dass auf der linken Seite der Herzog, auf der gegenüberliegenden seine Gegner im Kampfspiel gemalt sind. Erklärende Beischriften deuten an, wann das Turnier stattfand, und wer der jedesmalige Gegner war. Die Pferde sind mit langen Decken behängt, die mit allerlei Mustern, auch Figuren geschmückt, zuweilen mit einem Spruch versehen sind. Die heftigen Bewegungen, die der Vorwurf bot, vermochte der Künstler nirgends zu bewältigen; Reiter und Pferd sind gleich hölzern und steif. Wie gesagt, kann man diesen Malereien keinen besonderen künstlerischen Wert beimessen, sie sind aber charakteristisch für das Interesse, das man zu der Zeit den Ritterspielen entgegenbrachte, als das Rittertum selbst seine eigentliche Bedeutung verloren hatte.

Ungleich wichtiger für die Entwicklung der Kunst ist die Regierung Albrechts V. Dass dieser Fürst selbst in Italien war, und dort die Anregung erhielt, der Kunstpflege mehr, als es früher geschehen war, seine Aufmerksamkeit zu widmen, wie gewöhnlich angenommen wird,[3] ist urkundlich nicht festgestellt. Er legte die Kunstkammer an, die noch heute einen Teil der Sammlungen bildet, obgleich durch mancherlei Wechselfälle verringert.

---

[1] Sein Name und Jahreszahl auf fol. 4: 154; H. Osdentoffer. Bucher, Gesch. der techn. Künste, I, S. 242. Sighart a. a. O. S. 646.
[2] Abbildg. bei v. Hefner-Alteneck, Trachten des christlichen Mittelalters III. Bd. Taf. 89 u. 90. Text S. 96.
[3] J. Stockbauer, die Kunstbestrebungen am Bayer. Hofe unter Herzog Albrecht V. und Wilhelm V. (Quellenschriften für Kunstgeschichte VIII). M. G. Zimmermann. Die bildenden Künste am Hofe Albrechts V. v. Baiern.
Vgl. dagegen Riezler, «Zur Würdigung Herzog Albrechts V. von Bayern und seiner inneren Regierung» in den Abhandlungen der Akademie der Wissenschaften. (Histor. Cl.) XXI. Bd. 1. Abt.

Ein Blick in das Inventar derselben, das uns erhalten ist, und im Jahr 1598 aufgenommen wurde. (Cgm. 2133), lehrt zwar, dass die Begriffe von Kunstwerken und merkwürdigen Raritäten durchaus nicht streng geschieden waren, und dass bei den umfangreichen Ankäufen manches Stück mit unterlief, dem wir heute schwerlich einen Platz in einem Museum anweisen würden. Ob nun das uneigennützige Bestreben die Kunst zu fördern, oder aber der Wunsch zu glänzen und seine Persönlichkeit in den Vordergrund zu rücken bei dem Fürsten ausschlaggebend waren, mag unerörtert bleiben. Jedenfalls wird das Lob, das man ihm als Kunstmäcen zu spenden gewohnt ist, durch die Erwägung einigermassen eingeschränkt, dass er die Schuldenlast der Staates bedeutend steigerte und sich allen Reformbestrebungen der herzoglichen Räte unzugänglich erwies.[1]

Es ist hier nicht der Platz auf die Teilnahme Albrechts an der Kunstentwicklung näher einzugehen; für uns ist er nur deshalb wichtig, weil von ihm die Anregung zu dem bedeutendsten Werke der Miniaturmalerei ausging, das auf oberdeutschem Boden während der Hochrenaissance entstand. Es sind die Malereien Hans Müelichs zu den Motetten des Cyprian de Rore und den Busspsalmen des Orlando di Lasso. Bevor wir auf diese näher eingehen, müssen wir der gemalten Kleinodien in einem Pergamentbande gedenken, die der Maler ebenfalls für Albrecht V. ausführte.[2] Der Band befindet sich jetzt auf der Münchener Staatsbibliothek (Cod. iconogr. 429, Cim. 46), und ist sowohl mit dem Monogramm H. M. als mit der vollen Unterschrift des Künstlers und mit den Jahreszahlen 1552 und 1553 versehen. Das bairische und österreichische Wappen auf fol. 1 ist von einem überreichen Renaissancerahmen mit Putten, Atlanten, allegorischen Figuren umgeben. Die Rückseite enthält das Bild des Herzogs und der Herzogin beim Schachspiel hinter ihnen Herren und Damen der Begleitung.[3] Die Köpfe zumal der des Herzogs selbst, zeigen durchweg eine recht geschickte Hand. Es folgen die Malereien

---

[1] Vgl. Riezler a. a. O.
[2] M. G. Zimmermann, Hans Müelich und Herzog Albrecht V. von Baiern. Inaug. Dissert. München 1885. S. 28 f.
[3] Abgebildet bei v. Aretin, Altertümer u. Kunstdenkmale des bayr. Herrscherhauses.

der Schmucksachen, die sich von einem verschiedenfarbigen, meist dunkelen Grunde abheben. Mitunter ist ein reicherer Rahmen mit Faunen, Genien, Doppelhermen, angewandt. Welche von den Schmucksachen von Müelich selbst entworfen wurden, und welche er blos copierte, lässt sich nicht entscheiden. Dass er auch für das Kunstgewerbe thätig war, beweisen die Entwürfe für Prachtrüstungen, die ihm und anderen Künstlern von den Königen von Frankreich Franz I. und Heinrich II. in Auftrag gegeben wurden.[1] Eine Reihe von Federzeichnungen, eigenhändige Entwürfe Müelichs für Schmucksachen und kostbare Geräte, gehören zum Besten, was uns der Künstler hinterlassen hat.[2] Hier hält er sich noch frei von der Ueberladung mit Figuren und allerhand Schmuckformen, die den Wert seiner späteren Werke herabdrückt. Farbenzusammenstellung und Erfindung sind oft gleich vorzüglich.

1559 vollendete Müelich die Malereien zu den Motetten des Cyprian de Rore (Cim. 52), die er auf Befehl des Herzogs ausgeführt hatte. Das Bild des letzteren sowie der Herzogin und die Wappen beider nehmen die ersten Seiten ein. Die Porträts sind dem Künstler besser gelungen als die beiden Bildnisse desselben Paares, die er in Lebensgrösse ausführte, und die sich jetzt in der Wiener Galerie befinden (Kat. Nr. 1415 u. 1416). Für solche Aufgaben reichte das Können des mittelmässigen Künstlers nicht aus. Bei den grossen Verhältnissen macht sich die mangelhafte Modellierung und die flache Behandlung viel störender bemerkbar als in der Miniatur. Die Rahmen sind überladen mit allegorischen Figuren, die in gespreizter und gelehrter Weise die Tugenden des fürstlichen Paares anpreisen. Auf den letzten Seiten finden sich die Bilder Hans Müelichs und Cyprian de Rores.

Wir schliessen hier am besten das spätere Werk, die Malereien zu den Busspsalmen des Orlando di Lasso, an, um die Miniaturen im Zusammenhange besprechen zu können.

Der erste Band der Psalmen wurde 1565, der zweite 1570

---

[1] Originalzeichnungen deutscher Meister des 16. Jahrhunderts etc. Herausgb. v. J. v. Hefner-Alteneck Frkft. 1889.
[2] Im Besitz v. J. v. Hefner-Alteneck. Zum Teil publiziert in J. v. Hefners »Werke deutscher Goldschmiedekunst des 16. Jahrhunderts«. Frkft. 1890.

abgeschlossen (Cim. 51). Wie zu den Motetten schrieb Samuel Quichelberg auch zu den Psalmen die Erklärungen (Cim. 207). Auch in den Psalmen beginnen die Bilder des ersten Bandes mit den Porträts Albrechts V., der in der Tracht eines Ritters vom goldenen Vliess dargestellt ist,[1] und der Herzogin Anna, während das Bild Orlando di Lassos und das des Malers den Schluss bilden. Die ersten Blätter des zweiten Bandes stellen den Herzog und die Herzogin mit ihrer Umgebung dar. Auch in diesem Bande kehrt das Bildnis Orlandos wieder, ausserdem befinden sich noch 3 ganzseitige Bilder darin: Das Innere der Georgskapelle in 2 Ansichten und das herzogliche Orchester.

Der Text ist in allen 3 Bänden von einem reichen Rahmen umgeben, der nicht nur die Seiten der Blätter einnimmt, sondern in willkürlich gestalteten Streifen quer über dieselben geführt ist. Dadurch wird der für den Text bestimmte Raum stellenweise überschnitten, oder das Blatt mit der Schrift liegt scheinbar auf dem Rahmen, denselben zum Teil verdeckend.

Die rein architektonischen Formen, wie sie in der Frührenaissance üblich waren, treten jetzt zurück, gemalte Bildrahmen mit entwickeltem Rollwerk kommen an ihre Stelle. Aus der Fülle der Decorationsmotive mögen die wichtigsten hervorgehoben werden.

Die menschliche Gestalt nimmt innerhalb der Ornamentik einen breiteren Raum ein, aber sie ordnet sich ihr völlig unter. Die geistreich spielende Art, in der figürliche Darstellungen historischen oder genrehaften Charakters zwischen den Ornamenten noch während der Frührenaissance angebracht wurden, verschwindet allmählich. Bei Mielich dienen die Figuren, in grauer Steinfarbe gemalt und plastisch gedacht, lediglich dekorativen Zwecken. Sie beweisen, dass der Künstler, als er in Rom das jüngste Gericht Michelangelos copierte, auch dessen Deckenfresken in der Sixtina eifrig studiert hat. Als Schmuck einer Nische, als Hermen oder als Karyatiden und Atlanten werden sie verwendet.

Auf das häufige Vorkommen allegorischer Gestalten wurde schon oben hingewiesen. Dass ihre Bedeutung ohne weitschweifige Erklärungen oft dunkel bleiben würde, erhöht nicht gerade

---

[1] Abgebildet bei v. Aretin a. a. O.

ihren Wert. Der Putto behauptet seine bevorzugte Stellung im Ornament nach wie vor. Fratzen und Masken, Medaillons mit Köpfen, römischen Kaisermünzen nachgebildet, werden mit Vorliebe angebracht. Naturalistische Gebilde treten dagegen sehr zurück. Ganz vereinzelt kommen die lose hingestreuten Blumen vor. Fruchtschnüre und Blumenguirlanden ersetzen sie. Ebenso selten sind Tiere im Ornament zu finden, obgleich sie noch nicht ganz daraus verschwinden. In naheliegender Beziehung auf den Text werden Musikinstrumente auch Trophäen in decorativer Weise angebracht.

Die grösste Willkür herrscht in den Initialen, die bald aus Astwerk geflochten, bald aus steinfarbigen Figuren zusammengesetzt sind, auch als Rahmen für figürliche Darstellungen dienen, die sich dann in gezwungener Weise den Formen der Buchstaben anpassen müssen.

Zu diesem unerschöpflichen Reichtum an ornamentalen Motiven tritt eine gleiche Fülle von figürlichen Darstellungen aus dem Bereich der Geschichte, der Mythe und Legende hinzu, die freilich mehr für die Bildung des Malers, als für dessen künstlerische Fähigkeiten sprechen. Auch genrehafte Scenen kommen vor. Aus der antiken Sage wird die Aeneïs in erster Linie ausgebeutet, daneben auch Horaz. Die Thaten des Herkules sind auf verschiedenen Bildern geschildert. Das Costüm ist das der Zeit oder ein antikisierendes Idealcostüm.

Legendarische Scenen, die Auffindung des heiligen Kreuzes durch die Kaiserin Helena, und andere kommen ebenfalls vor. Seltener sind Genrescenen, wie der pflügende Bauer im 2. Bande der Busspsalmen (fol. 10).

Die Figuren sind flüchtig behandelt von durchaus italienischem Formengefühl. Starke Bewegungen und Verkürzungen sind nicht selten gewählt. Am besten vielleicht ist die Modellierung des nackten Körpers auf einem Bilde der Motetten (fol. 23) gelungen, das den Neptun darstellt in einem Muschelwagen von 4 Hippokampen gezogen, und umgeben von verschiedenen Wind- und Flussgottheiten.

Die Compositionen sind breit auseinander fliessend, auch im engsten Rahmen mit Figuren oft überfüllt. Mehrere zeitlich und örtlich getrennte Scenen werden nach der Weise früherer Meister auf einem Bilde vereinigt. Die Wirkung wird nicht auf einen Mittelpunkt concentriert; dadurch entsteht die störende Zerfah-

renheit, die den Eindruck fast aller Compositionen beeinträchtigt.
Wo aber doch ein Mittelpunkt hervorgehoben werden soll, da
geschieht es in äusserlicher Weise durch bunte und grelle Färbung.
Venetianische Einflüsse sind in der Verteilung der Massen im
Raum unverkennbar. Von den Venetianern nahm er die behaglich ausführende Erzählungsweise an.

Einen weiten Raum nimmt die Landschaft innerhalb des
Bildes ein. Auf diesem Gebiete ist der Einfluss der deutschen Kunst,
im Besonderen der Schule von Regensburg stärker gewesen, als der
italienische. Die abenteuerlichen Bergformationen und die Fülle
von Einzelheiten in der Landschaft stehen noch ganz auf dem
Boden der älteren Kunst, die den Reiz der Natur allein im Gegenständlichen sah. Die Vorliebe für grelle Beleuchtungseffekte
dürfte Mielich doch von Altdorfer angenommen haben, dem er
freilich an Feinheit der Ausführung und Harmonie weit nachsteht.
Die Contraste sind noch gesuchter als bei dem älteren Meister.
Morgen- und Abendstimmungen wendet der Maler gern an; er
lässt dann den Himmel dem Horizonte zu in helle violette, rosa
und gelbe Töne verlaufen, während das Licht der Sonne auf den
Rand der Wolken und der Bäume mit Gold aufgesetzt wird.
Manchmal wagt sich der Künstler an noch schwierigere Probleme.
Auf dem Bilde der Gefangenschaft Petri (Psalmen I. Bd. fol. 31)
sieht man durch die Gitterstäbe des Fensters in das von der Erscheinung des Engels hell erleuchtete Gefängnis. Draussen ruht
im Halbdunkel ein schlafender Wächter. Offenbar war Rafaels
Fresko in den Stanzen das Vorbild für die Composition. Auf der
Geburt Jesu (Motetten fol. 247) strömt das Licht von dem
Körper des Kindes aus, die zunächst Stehenden, Maria und die
Engel, hell beleuchtend, während der Hintergrund im Halbdunkel
bleibt. Auf einem anderen Bilde, Christus am Oelberg, (Motetten
fol. 137) wird der nächtliche Himmel durch einen grell roten
Schein erleuchtet, ein matteres Licht geht von den Fackeln aus,
die die Begleiter des Judas in Händen halten. Die dramatische
Stimmung der Situation wird ganz auf die Landschaft übertragen.

Häufig ist die Darstellung des Meeres. Die tiefen Buchten,
an deren Ufern Städte mit Palästen und Türmen sich ausbreiten,
und die von zahlreichen Schiffen durchkreuzt werden, die weiten
Perspektiven gelingen dem Maler mitunter überraschend gut.

In den 2 Landschaften, für die ihm die Natur selbst die Vorbilder bot, in den Ansichten der Stadt München und Landshut (Motetten fol. 257) hat er sein Bestes geleistet. Sie übertreffen bei Weitem die übrigen mit einem Aufwand an coloristischen Effekten componierten Landschaften durch ihre natürliche und einfache Behandlungsweise.

Die Architektur wird ganz von italienischen Reminiscenzen beherrscht. Die Ruinen Roms sind des öfteren im Bilde festgehalten. Die Paläste am Meer und die von Säulen getragenen Hallen haben ihre Vorbilder in Venedig. Gelegentlich mögen auch auf Müelich die Bauformen Altdorfers eingewirkt haben, dem wir im Uebrigen keinen sehr tiefgehenden Einfluss einräumen möchten.

Als Altdorfer 1538 in Regensburg starb, war Muelich 22 Jahre alt, da konnten noch manche neue Eindrücke auf die Richtung seiner Kunst einwirken. Dass sich in der Beleuchtung Anknüpfungspunkte an Altdorfer zeigen, wurde oben schon erwähnt. Auch die Behandlung des Baumschlags erinnert gelegentlich an den Regensburger Meister. Nirgends aber findet sich dessen intimer Charakter in der Landschaft, noch seine feine Naturbeobachtung. Müelich arbeitet im Wesentlichen doch immer nur auf den Effekt durch Farbenwirkung hin, die Zeichnung ist gänzlich vernachlässigt. Auch im Figürlichen lassen sich direkte Beziehungen zu Altdorfer nicht nachweisen.

Welche Formen die Hochrenaissance in der Buchmalerei annahm, und wie wenig sie dem Charakter der Miniatur entsprachen, erkennen wir klar in dem umfangreichen Werke des Hans Müelich. Die Geschichte der Miniaturmalerei im 16. Jahrhundert ist die Geschichte ihrer ornamentalen Entwicklung. Je schwerer und massiger die Formen werden und eine Wirkung auf das Ganze anstreben, desto weniger sind sie für eine decorative Verwendung im engen Rahmen geeignet. Die gleiche Stilrichtung, die das Ornament beherrschte, teilte sich auch dem Bilde mit. Die Wirkung war die nämliche: Auch hier auf beschränktem Raume die Entfaltung grosser Massen, und darum der innere Widerspruch zwischen den Darstellungen und dem Wesen der Miniaturmalerei, der den Untergang der letzteren herbeiführen musste.

Verzeichnis der Handschriften.

Aschaffenburg, Bibl. Gebetbuch (Beham) 1531.
— — Missale (Nik. Glockendon) 1524.
— — Gebetbuch (Nik. Glockendon) 1531.
— Stiftskirche, Missale.
— — Passionale.
Augsburg, Archiv. Ehrenbuch des Herwartischen Geschlechts 1544.
— Maxim. Museum. Gebetbuch 1532.
— Stadtbibliothek C. Aug. 33, 1576.
Berlin Bibl. cod. germ. Nr. 9 Kalender (A. Glockendon) 1526.
— — cod. germ. Nr. 519. 1534 (P. Laudensack).
— Kupferstich Kabinet Nr. 6 Gebetbuch (Schäufelein) 1537-38.
Cassel, Ständ. Landesbibl. Ms. Math. mech. et artium 4° 50.
Eichstädt, Pontifikale.
Gotha, Bibliothek. Bibel 1532 (Matth. Gerung.)
Jena, Neutestamentliche Perikopen 1507.
Maihingen, I, 2 lat. fol. VII 8 Bl. eines Psalteriums.
Modena, Biblioteca Estense. Gebetbuch (N. Glockendon).

München, Hof- und Staatsbibl.[1]
— Augsburg, St. Ulrich cod. lat. 4306. Antiphonar, 1501.
— Benediktbeuern, cod. lat 4501. c. pict. 2, 1537.
— Diessen, cod. lat. 5555, Gebetbuch, 1520.
— Fürstenfeld, cod. lat. 6902. Prologus scti Jeronimi, 1500.
— Kaisheim, cod. lat. 7901, Missale.
— Medlingen, cod. lat. 23014 c pict. 2 b Graduale, 1499-1500.
— Mannheim (Bibl. Pal.) cod. lat. 10013 c. pict. 121. 1521.
— Polling, cod. lat. 11332 a c. pict. 98 Breviarium, 1530.
— Steingaden, cod. lat. 17801. Graduale, 1533.
— Tegernsee, cod. lat. 19200 c. pict. 1, 1524.
— — cod. lat. 19201 c. pict. 1 a Psalter, 1515.
— — cod. lat. 19202 c. pict. 1 b Psalter, 1516.
— — cod. lat. 19203 c. pict. 1 c Psalter, 1517.
— — Kalender zu cod. lat. 19201-3.
— — cod. lat. 19220 Evangelia, 1530.

[1] Handschriften nach Ort und Herkunft geordnet.

München. Hof- und Staatsbibl.
- Tegernsee, cod. lat. 19232 Missale, 1512.
- — cod. lat. 19235 c. pict. 64. 1514.
- — cod. lat. 19922 Breviaria
- — cod. lat. 19924 »
- — cod. lat. 19926 »
- — cod. lat. 19928 »
- — cod. lat. 19930 »
- — cod. lat. 19931 »
- — cod. lat. 19932 »
- — cod. lat. 19953 Lectiones.
- — cod. lat. 19957 Imitatoria et responsoria.
- — cod. lat. 20006 Rosaria.
- Unbekannter Herkunft cod. lat. 23002 Graduale.
- Cgm. 81 c. pict. 104. Briefe der Apostel, 1541.
- Cgm 97 Gebetbuch, 1519.
- Cgm. 1929 Turnierbuch.
- Cgm. 2800 Turnierbuch.
- Cod iconogr. 429 Cim. 46. (Gemalte Schmucksachen. H. Müelich.)
- Cim 52. Motetten (Cyprian de Rore. Mal. v. H. Müelich.)

München. Hof- und Staatsbibl.
- Cim 51 Busspsalmen. (Orlando di Lasso. Mal. v. H. Müelich.)
- Nat. Museum. Ehrenbuch der Stadt Augsburg. 1545.
- Univ. Bibl. Ms. fol. 166 Vespera hyemalis.

Nürnberg. Germ. Museum Nr. 1737 Gebetbuch.
- St. Lorenz, Sakristei. Chorbücher 1507 und 1510.
- Stadtbibliothek, Solg. Ms. fol. Nr. 9 Evang. 1498.
- — Cent. V App. Nr. 76 Gebetbuch.
- — Missale (A. Glockendon), 1542.

Wien. Hofbibliothek Nr. 1847 Gebetbuch, 1537.
- — Nr. 1880 Gebetbuch Wilhelms IV. v. Baiern (A. Glockendon), 1535.

Wolfenbüttel. A. Aug. fol. Pgmt. Missale, 1519-20.
- Bibel (A. Glockendon) 1524.

Tafel I

Tafel II

Tafel IV

Tafel V

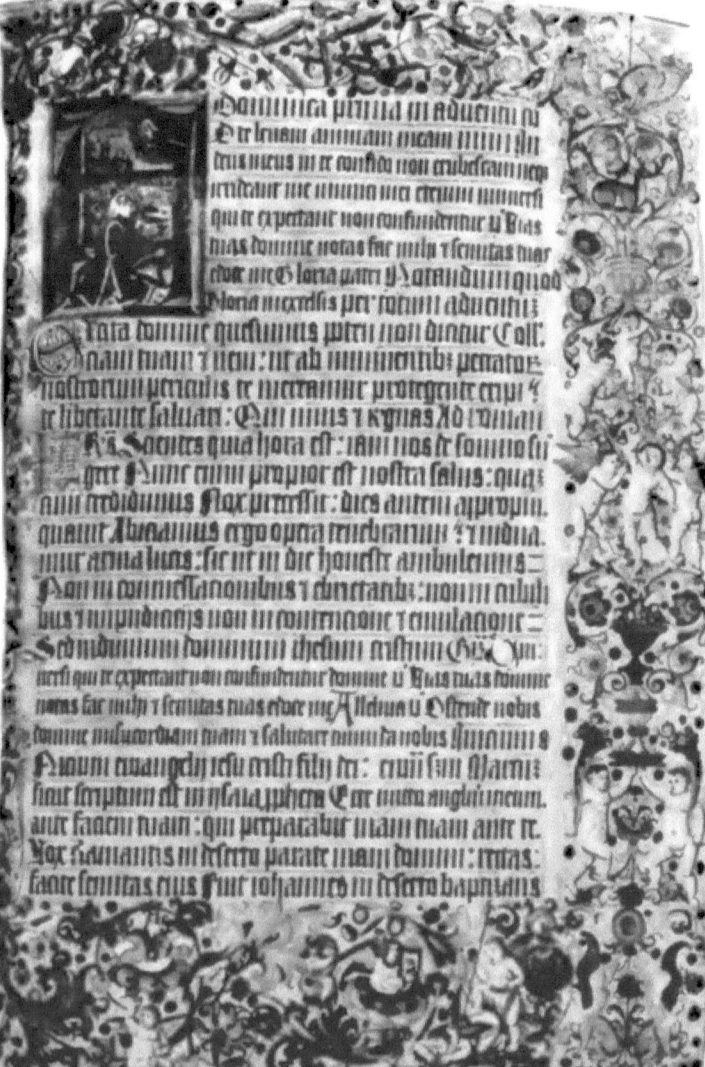

Venite exul. vt s̄. Ipmnus.

Esus dulcis
memoria: das
vera cordis gau
dia: sed supr
mel et omnia
eius dulcis pre
sencia. Nil canitur suauius:
auditur nil iocundius: nil co
gitatur dulcius: q̃ iesus dei fi
lius. Iesus spes penitentibus:
q̃ pius est petentibus: q̃ bonus
requirentibus: sed quid inuenie
tibus. Amitte pr vnicu: tuũ
de celis filiũ: vt consolentur ser
uuli: et conuertant impij.
Eterna sapiencia: tibi pr̃ique gl̃a:
cũ spũ paraclito: p infinita se

Tafel VIII

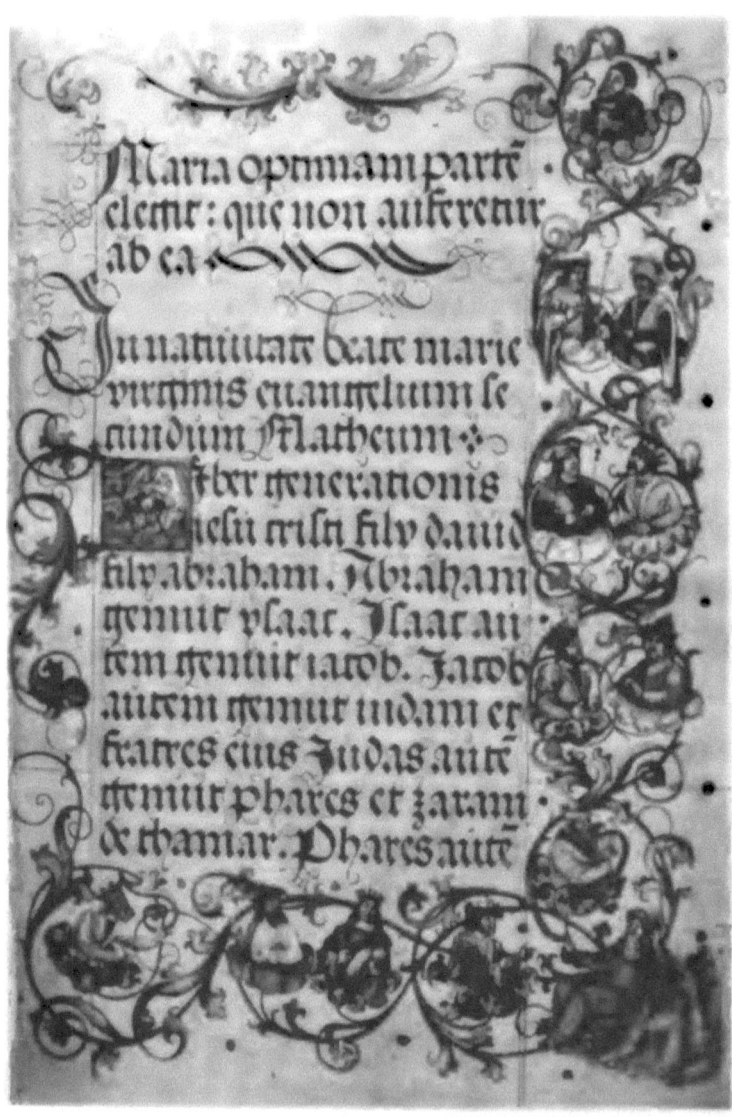

Tafel IX

Tafel X

Tafel XI

Tafel XII